ウェルビーイングな学校をつくる

子どもが毎日行きたい、
先生が働きたいと思える学校へ

中島晴美 公立小学校長

教育開発研究所

はじめに

本書では、勤務校で取り組んでいるウェルビーイングの考えを取り入れた学校づくりの実践についてお伝えします。これは、本校全教職員が、ウェルビーイングの考え方を理解し、一丸となって実践してきた記録です。

私がウェルビーイングの考え方を学校経営に取り入れたいと考えたのは、次のような思いからです。

①先生方に幸せでいてほしい（幸せに働いてほしい。幸せな人生を築いていってほしい）。

②子どもたちに幸せでいてほしい。幸せに生きる力を身につけて育ってほしい。

③学校が、幸せで笑顔いっぱいで、誰もが安心して学び、自分の力を伸び伸びと発揮することができる場所であってほしい（教職員も子どもたちも）。

④学校のウェルビーイングを実現することで、学校現場が抱えるさまざまな課題を少しでも改善の方向へ導きたい。教職の本当の魅力を再現したい。

⑤保護者、地域へもウェルビーイングの考えが広がり、多くの人が人として幸せな人生を

歩んでほしい。

今、教育現場は、多様な課題を抱えています。教職員の離職・病気休職者の増加、人員不足の深刻化、そして貧困、虐待、ヤングケアラーの問題等、子どもたちを取り巻く環境も厳しくなっています。このような大変な状況の中で、学校では、教職員も子どもたちも頑張っています。今までと同じようにずっと頑張っているのです。

このまま頑張り続けることは可能でしょうか？　このままでは、何も変わらず、抱えている課題が大きく膨らみ、明るい未来は見えないのではないかと危機感を覚えます。「変えなければ！」と強く思うのです。

教職員の定数を増やすことや教員の仕事内容の見直し、学校運営に必要な予算の確保等、行政の動きや物理的な改善はもちろん必須です。それらについて心から早期の改善を望みます。しかし、他者の動きだけにすべてを委ね待っているのではなく、この危機を乗り越えるために、現場にいる私たちだからこそできることを実行していく必要があります。ウェルビーイングに向かいポジティブな発想と行動をしていくこと、その小さな一歩が積み重なり大きな一歩となるはずです。

私は、かねてより自身で学んできた「ウェルビーイングに関する学術的な知見」を学校現場で共有し、実践していくことが、その第一歩であることを確信し踏み出しました。

「ウェルビーイング」とは「よいあり方」、そこから「持続的な幸せ」を意味します。「よりよいあり方をとおして幸せな状態である」ということです。「ウェルビーイングに関する学術的な知見」とは、さまざまな学問や科学的研究によるエビデンスが証明した「こうすればよりウェルビーイング（幸せ）になる」という知見です。

「幸せ」には、瞬間的に感じる「ハッピー！」な気分もあれば、自身を取り巻く環境全体から感じられる幸福感もあります。また、今苦しいとしても「自分は正しく生きている」という確信に支えられている幸福感もあれば、長い人生を振り返って「私の人生は総じて見れば幸せだった」と感じる幸福感もあります。この多様な幸福感につながる「Being＝ありかた」の学びが、ウェルビーイングの学びです。

この知見を、個人のウェルビーイングから組織（学校）の、さらには、保護者や地域のウェルビーイングへと広げることで、前述した5つの願いが実現されると考え、全教職員・学校運営協議会委員（保護者・地域・学識経験者からなるコミュニティ・スクールの核となる組織）との共通理解を図り、「ウェルビーイングな学校づくり」にチャレンジしています。

私は管理職として、ウェルビーイングを体現し、学校全体と教職員一人一人のウェルビーイングを高める方法を思案・実行し、教職員は自身のウェルビーイングを高めるとともに、担当するクラスと子どもたち一人一人のウェルビーイングを高めることをめざしています。

幸せな大人の姿（Being）を見て、幸せになる力をもった子どもが育ちます。まずは、教職員や保護者が幸せであることが、とても大切なのです。

令和2年度からのチャレンジにより、勤務校ではさまざまなエビデンスが確認できてきました。

詳細は終章で述べますが、取り組み開始から約2年半で次のような効果が出ています。

・児童生活アンケートで「学校が楽しい」と回答した児童が98％
・県の学力・学習状況調査の結果、学力を伸ばした児童が増加
・児童の欠席率が劇的に改善
・教職員のウェルビーイングが向上

・2年連続で異動希望者ゼロ
・職員の健康診断結果が劇的に良化
・地域とのつながりが促進

次期教育振興基本計画の策定に向けた議論のなかで、「ウェルビーイング」が柱のひとつとなりました。これからは、教育もウェルビーイングの実現をめざそうとしています。このことは、VUCA《ブーカ》の時代を乗り越え、幸せな日本、世界を築き上げるために、人々の向かうべき道であることを示しています。

そのような中で、今後、「日本型ウェルビーイング」の研究が広がっていくことと思います。本校の取り組みがその先駆けとなり、その考え方と実践を丁寧にお伝えすることで、未来をつくる子どもたち、学校に関わるすべての方々の真の「ウェルビーイング」へとつながることを願っています。

この本を手にとってくださった皆様ご自身、そして所属されている組織（学校や職場、地域のコミュニティ、家庭等）のウェルビーイングが高まり、皆様が今まで以上に幸せな日々を過ごされることを願い、本校の実践の一部をお伝えしていきます。

目次

1章　Whole-being――総合的なウェルビーイング（持続可能な幸せ）

2章　Spiritual Well-being――精神性を高める

3章 Physical Well-being ――心身ともに健康である

序章

なぜ学校にウェルビーイングの考えが必要なのか？

――学術的な理論をもとに、
「幸せ」な学校づくりを考える

昨今、「ウェルビーイング」という言葉を教育界でもよく見受けるようになり、それとともに「『ウェルビーイング』って何ですか？」「何をすればいいんですか？」というご質問をよく受けるようになりました。そこで、実践をご紹介する前に、本校で取り入れている学術的な知見をお伝えします。これを知ることで、まずは、読者の皆様自身のウェルビーイングを高めることにお役立ていただければ嬉しいです。

「SPIRE理論」「幸福4因子モデル」「心理的安全性」

本校で主に取り入れているウェルビーイングの知見は、ウェルビーイング研究のスペシャリストである**タル・ベン・シャハー博士の**「SPIRE《スパイア》理論」と、**幸せを科学的に分析する「幸福学」を研究されている前野隆司教授の**「幸福4因子モデル」です。加えて、幸福感に最も大きな影響があるのが人間関係であり、**組織での人間関係の大事な要素として「心理的安全性」**があります。

私の「ウェルビーイングな学校づくり」は、この3つがベース理論となっています。本書全体に通じる考え方のため、まずここで簡単にご紹介します。

(1) タル・ベン・シャハー博士のハピネススタディ

「幸せ」の研究者であるタル・ベン・シャハー博士が考案したもので、どのような考え方・生き方が幸せにつながるかを追求する学問です。タル博士は、哲学・心理学等の幅広い学問の学術的研究や、心理学の多くの研究データ・自身の経験等から、ウェルビーイングを下図の5つ（ＳＰＩＲＥ）に分類し、それぞれを高めることで、人々は幸せで満ち足りた人生を送ることができると説いています。

具体的には、次のようなことを実現するための知見です（一部をご紹介します）。ＳＰＩＲＥの中にこれらの要素が散

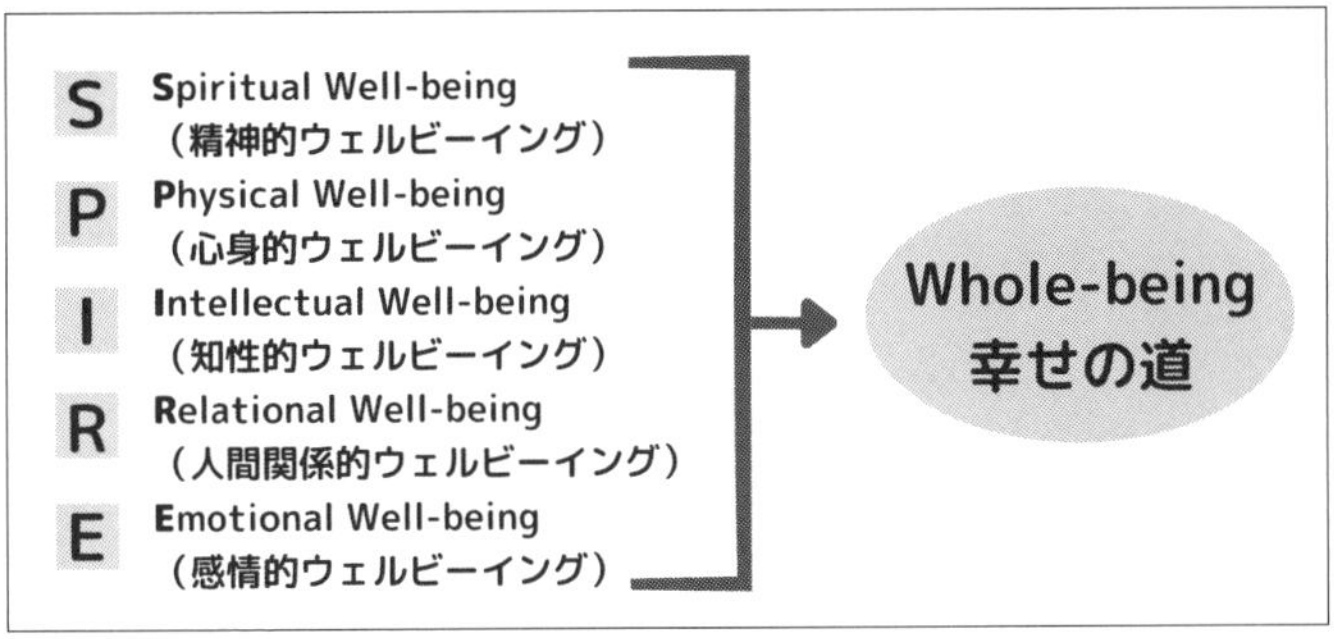
S
Spiritual Well-being
（精神的ウェルビーイング）
P
Physical Well-being
（心身的ウェルビーイング）
I
Intellectual Well-being
（知性的ウェルビーイング）
R
Relational Well-being
（人間関係的ウェルビーイング）
E
Emotional Well-being
（感情的ウェルビーイング）
Whole-being
幸せの道

りばめられ、幸せに生きるための源になります。
・自分の感情を受け入れる（自分に人間として生きる許可を与える）
・自分にとって意義のある、使命感を感じることに従事する
・幸せは、地位財（地位や財産）によるものでなく、心の状態に依存しているということを忘れない
・心と身体の密接な結び付きを忘れない（その人にとっての心身の健康がよい状態であること）
・可能な限り感謝を表現する。あって当たり前のものをじっくりと見つめ、それらに感謝する心をもつ

SPIREそれぞれのバランスをうまくとりながら人生を追求していく、それが**全体的なウェルビーイング（Whole-being）＝幸せの道**である、という考えです。

Whole-being はタル博士の造語です。Whole Person's Well-being として、全体的な幸せを意味します。

「幸せとは何か」。その答えは人によってさまざまなものだと思います。その人にとって

最も主観的な幸福に寄与するもの、それはその人の求めるものであったり人であったり、生き方であるわけですが、これは人それぞれですし、同じ人でも人生のステージによって変化していきます。この自分自身の「最大の望み」と言えるもの、ただそれだけを追求するのが幸せへの近道ではない、とタル博士は説いています。

「全体的な幸せ（Whole-being）」とは太陽光のようなもの。とても強すぎる光で直接的に追うとうまくいかない。そこでこの太陽の光をプリズムで分解することで我々は持続的幸福、ウェルビーイングを追求できると考えたのです。どのように分解するとよいのか、彼は長年かけて学際的なリサーチを行い、たどり着いた結論がＳＰＩＲＥです。

【SPIRE 12法則】

タル博士は、全体的ウェルビーイングおよびＳＰＩＲＥそれぞれに２つの法則を定義しています。併せて12法則（**図表1**）。この法則はタル博士がさまざまな幸福の知見や心理学等の研究結果などを統合して導き出したもので、ウェルビーイングを包括的にとらえています。

次に、その論の一部をご紹介します。

W　全人格　Whole-Being Well-Being

1　人生で目指すのは全人格的ウェルビーイングであるべきである

2　全ては相互につながっている

S　精神性　Spiritual Well-being（精神的ウェルビーイング）＝主体的・自己肯定感・自己有用感・使命感・自分の本質

1　目的のある人生はスピリチュアルな人生である

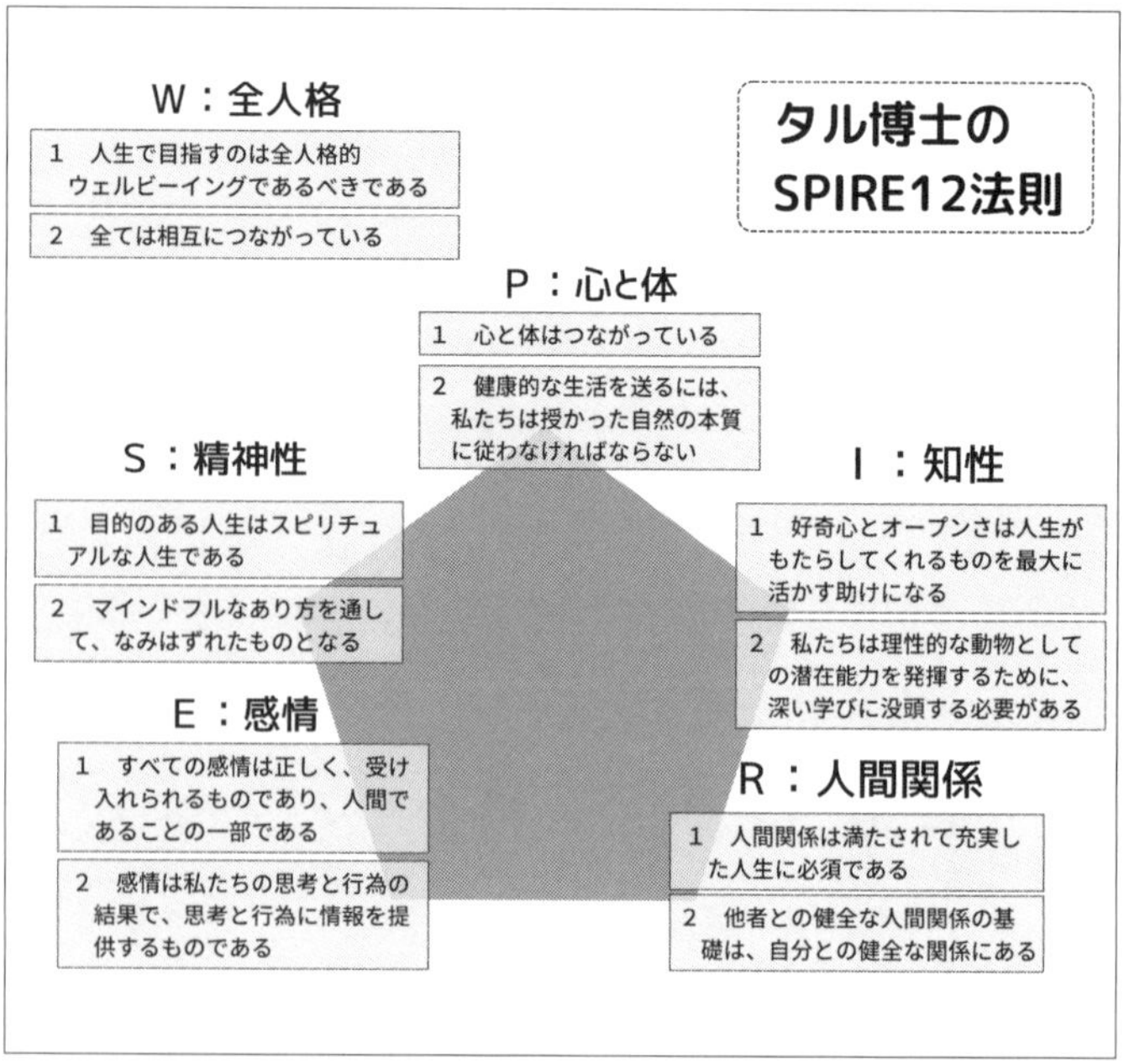

図表1　タル博士のSPIRE12法則

2　マインドフルなあり方を通して、なみはずれたものとなる

P　心と体　Physical Well-being（心身的ウェルビーイング）＝心身共に健康であること

1　心と体はつながっている

2　健康的な生活を送るには、私たちは授かった自然の本質に従わなければならない

I　知性　Intellectual Well-being（知性的ウェルビーイング）＝知的好奇心

1　好奇心とオープンさは人生がもたらしてくれるものを最大に活かす助けになる

2　私たちは理性的な動物としての潜在能力を発揮するために、深い学びに没頭する必要がある

R　人間関係　Relational Well-being（人間関係的ウェルビーイング）＝よい人間関係

1　人間関係は満たされて充実した人生に必須である

2　他者との健全な人間関係の基礎は、自分との健全な関係にある

E　感情　Emotional Well-being（感情的ウェルビーイング）＝ポジティブな感情・ネガティブな感情も受け入れる・人間としての心のあり方を許す

1　すべての感情は正しく、受け入れられるものであり、人間であることの一部である（ネガティブな感情も自分の感情であることを受け入れる）

2　感情は私たちの思考と行為の結果で、思考と行為に情報を提供するものである

⑵　前野隆司教授の幸せの4因子

慶應義塾大学大学院の前野隆司教授は、研究結果から、「幸せは次の4つの因子を使うことでコントロールできる」と説いています。4因子とは、次の4つです。

- ・やってみよう！（自己実現と成長の因子）
- ・ありがとう！（つながりと感謝の因子）
- ・なんとかなる！（前向きと楽観の因子）
- ・ありのままに！（独立と自分らしさの因子）

この考えは、統計的なエビデンスに基づいたものです。また、隆司先生は、働く人の幸せの研究もされており（本書72頁参照）、組織全体の幸せについて考えることの大切さも説いています。学校もまさに組織であり、働く人の幸せを考えるべきです。

タル博士の**SPIREは「幸せ」をとても包括的に表現**し、「幸せ」のめざすところを示している優れた定義です。その内容は幅広く深いものです。SPIREを具体的にどのように高めるか、その実践方法、姿勢や態度の説明は、時間をかけてじっくり丁寧に伝えていく必要があります。そして隆司先生の**幸福4因子は、さまざまなウェルビーイングの要素を高める心のあり方**としてとても理解しやすく、SPIREを実現させるために、今、どの心のあり方が足りていないのか、どの心のあり方を意識していくことが必要なのかなど、自分の状態を客観的に見ることもでき、心のよいあり方の基本となるすばらしい論です。

幸福4因子は、科学的に幸せを調査した結果に基づく因子です。哲学や倫理学のようにトップダウンで「幸せはこうあるべき」と論じているのではなく、人々の幸せの要因がどのようであるかを、人々の現実から構成した結果です。

第1因子「やってみよう！」因子（自己実現と成長の因子）＝自分に向かう因子

《含まれる要素》

・コンピテンス（私は有能である）⬇自己肯定感

・社会の要請（私は社会の要請に応えている）⬇自己有用感

・個人的成長（変化・学習・成長をしている）⬇自己満足感

・自己実現（今の自分は「本当になりたかった自分」である）⬇自己実現

《ポイント》

・自分の強みがあるかどうか、その強みを社会で生かせているかどうか。

・大きな目標をもっていること、大きな目標と目前の目標が一致していること、そのために学習・成長しようとしていること。

第2因子「ありがとう！」因子（つながりと感謝の因子）＝他人に向かう因子

《含まれる要素》

・感謝（感謝することがたくさんある）

・人を喜ばせる（人の喜ぶ顔が見たい）
・愛情（私を大切に思ってくれる人たちがいる）
・親切（他者に親切にし、手助けしたいと思っている）

《ポイント》

・周りとの安定した関係をめざす因子とも言える。自分と他人を大切にする。

第3因子「なんとかなる！」因子（前向きと楽観の因子）

《含まれる要素》

・楽観性（ものごとが思いどおりにいくと思う）
・気持ちの切り替え（学校や仕事での失敗や不安な感情をあまり引きずらない）
・積極的な他者関係（他者との近しい関係を維持することができる）
・自己受容（人生で多くのことを達成してきた）

《ポイント》

・楽観性は、幸せのためになくてはならないスパイスと言える。

第4因子「ありのままに！」因子（独立と自分らしさの因子）

《含まれる要素》

・社会的比較志向のなさ（自分と他者をあまり比較しない）

・制約の知覚のなさ（私に何ができて何ができないかは外部の制約のせいではない）

・自己概念の明確傾向（自分自身についての信念はあまり変化しない）

《ポイント》

・他人と自分を比較しない傾向や、自分をはっきりもっていることの因子。人の目を気にせず、自分のペースで幸せに向かうことが重要。

（幸福4因子について、前野隆司『幸せな職場の経営学』小学館、2019年、25〜28頁を参考に作成）

日本人に見られる特徴として、「なんとかなる！」因子と「ありのままに！」因子がやや弱いと言われています。これは、よく言えば慎重で、協調性が高いと言えますが、一方で、これらの因子が弱いことで、負の感情や苦しみが生じやすくなるのではないかと考えました。この気づきを得た後、4つの因子を意識して心の動きをつくるようにしてみたところ、ＳＰＩＲＥの調整がとてもしやすくなりました。

この４因子の考えは、特に対人関係（Ｒ）をウェルビーイングな状態に保ったり、自分の心を大切にしたりするために、とても重要です。４因子を意識して過ごすことで、私自身、「やってみよう！」「最善を尽くせばなんとかなる！」「私らしく！」とさまざまなことに挑戦することができています。

(3) 心理的安全性

組織のあり方として私が取り入れている考えは、「心理的安全性」です。心理的安全性のスペシャリストである石井遼介さんの『心理的安全性のつくりかた』(日本能率協会マネジメントセンター、２０２０年）を参考に、ご紹介します。

「心理的安全性」とは、チームの一人ひとりが、率直に意見を言い、質問をしても安全だと感じられる状況があることです。「心理的安全性」は、「業績向上に寄与する」「イノベーションやプロセス改善が起きやすくなる」「意思決定の質が上がる」「情報・知識が共有されやすくなる」「チームの学習が促進される」と、ビジネスにおいて有効であるという証拠が次々と報告されています（同書4～6頁）。

私は、この結果は、ビジネスだけでなく、学校でも求めていくべきものであると考えています。石井氏は、医療現場、新生児集中治療室での研究結果も例にあげ、「心理的に安全なチームは、やり方への習熟が早く、手術の成功率が高い」という成果が示されていると述べています。

これを学校にあてはめると、「心理的に安全な学校は、さまざまな新しい教育や指導方法への教職員の習熟が早く、子どもたちに質の高い教育を提供できる率が高い」という成果が期待できるのではないでしょうか。そして何より、**教職員一人ひとりが主体的に動き、潜在的な能力を最大限に発揮することで、自尊感情をもつことができ、幸せな職場になると考えます。**

これらのことから、「心理的安全性のある学校現場」こそ、実現すべき職場の姿であり、「心理的安全性」を高めることが、学校マネジメントに欠かせないと確信しています。

子どもたちのＳＰＩＲＥについて、教職員・保護者と共通理解を図る

子どもたちの学校生活をＳＰＩＲＥにあてはめてみる

子どもたちの学校生活をＳＰＩＲＥにあてはめて見てみると、**図表2**のように、学校生活の多くを占める授業や学級での時間が子どもたちにとってＳＰＩＲＥを満たすものであることが理想です。そのために、教師がＳＰＩＲＥを意識して授業づくりをすることで、１時間ごとの授業も、子どもたちにとって幸せな充実感

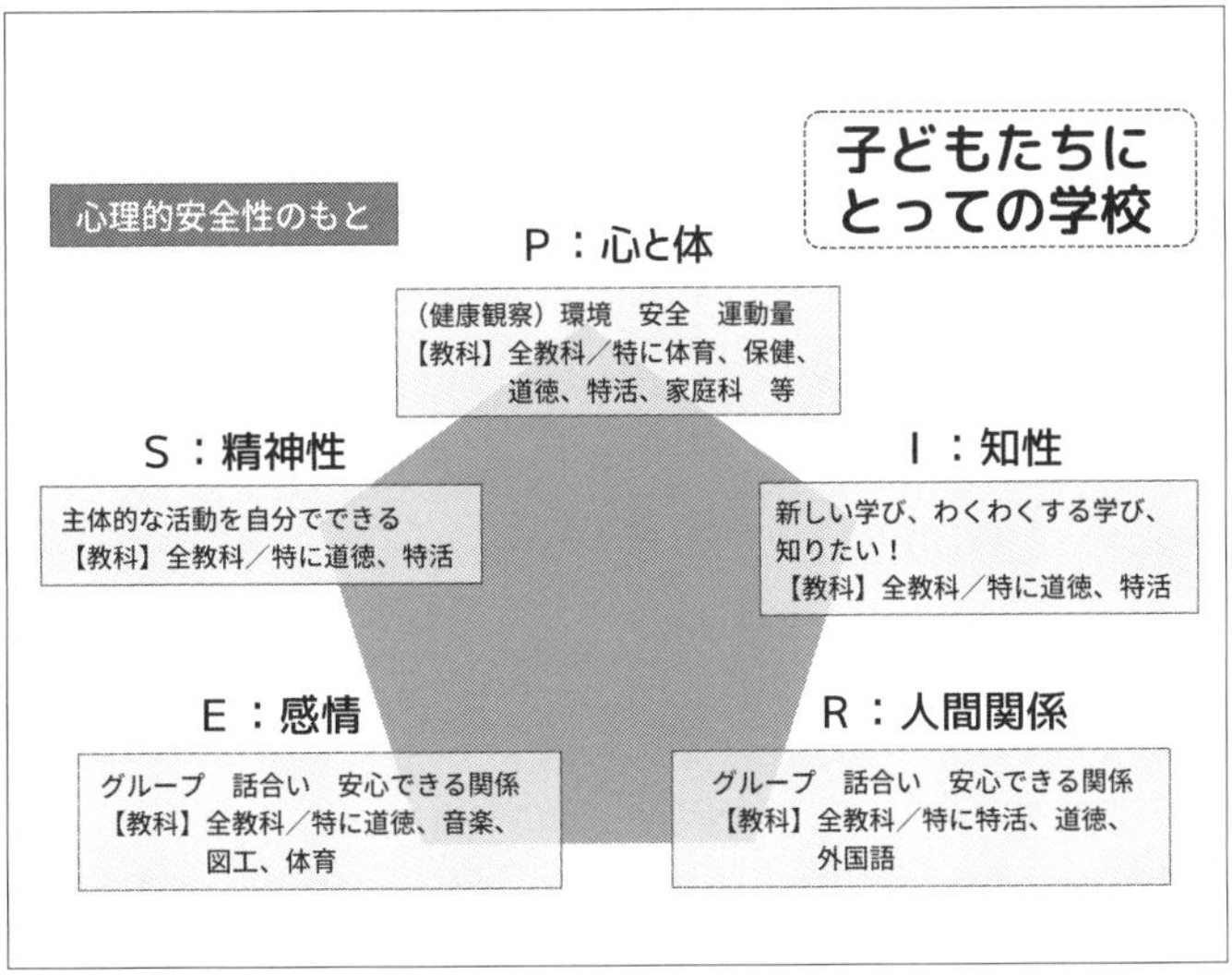

図表２　子どもたちの学校生活をSPIREにあてはめてみると

のあるものになります。

たとえば、やってみたい！　解いてみたい！　と子どもたちに思わせる仕掛けがあったり、主体的に活動したいと思わせる仕掛けと時間と場所、道具の確保等があったりすることで、それが実現できます。逆に、教師が主体の授業になっている場合、子どものSpiritual《精神的》 Well-beingが低くなってしまう可能性があります。

教師がいかに子どもたちのＳＰＩＲＥを意識して授業づくりをするか、一日の教育活動を仕組んでいくかによって、子どもたちの幸福度は大きく変わることを教師が知っていること、実行していることが、ウェルビーイングな学校づくりの柱になります。

子どもにとって心理的に安全な学級を日頃からつくっておくことで教育効果が高くなることは、先ほどの「心理的安全性」の研究結果にあてはめてみても想像できます。そのためには、教室内の人間関係を良好に整えておくことも必須です。

また、子どもの幸福度が高い国々では、「毎日友だちと外で遊ぶ」という共通点があるそうです。確かに、身体を動かして自分たちがやりたいことをして遊ぶ、友だちとルールを決めて遊ぶことは、子どもたちにとってＳＰＩＲＥを満たすすばらしいことです（本校でも、令和４年度から「青空タイム」を設定し、外遊びを奨励しています）。

子どもたちの学校以外の生活のＳＰＩＲＥも整える

学校は、子どもたちにとって幸せな場所であってほしいと願いますが、時には友だちと喧嘩をしてしまったり、学習につまずいてしまったり等の理由でＳＰＩＲＥの状態が低くなってしまうことがあるかもしれません。その時、家庭での状況がもしＳＰＩＲＥを満たさないものであった場合、その子どもは非常に厳しい状況に陥ってしまう可能性があります。

私たち大人は、自分の心の使い方である程度ＳＰＩＲＥを整えることが可能ですが、子どもは周りの環境を調整する力が未熟です。子どもが自分の力でウェルビーイングに生きることができる力を身につけることができるよう、私たち大人がそのあり方を体現し背中で見せていくこと、そして、子どもには整えることができない環境については、大人が責任をもって整えていくことが必要です。

できるだけ多くの保護者の方々と本校で取り入れているウェルビーイングの考えについて共通理解、連携を図れるよう、令和３、４年度は学校だよりで知らせたり、令和４年度には新入生学校説明会やＰＴＡ理事会で説明したりしています。

教員の現況をSPIREにあてはめて考えてみると

教員の労働状況は、SPIREの要素を用いるととてもわかりやすく説明できます。まず、先生方の休養（リセット）が十分で、心身が充実し、気力がみなぎっている状態のSPIREが**図表3**です。

子どもを教えることに意義を感じ、学ぶこと・教えることが大好きで、かつ職場の人間関係もとても良好。健康で、かつこれらの環境と自発性がポジティブな感情を育む。これが望ましい教員の姿だと思います

し、条件を整えることができれば実現可能

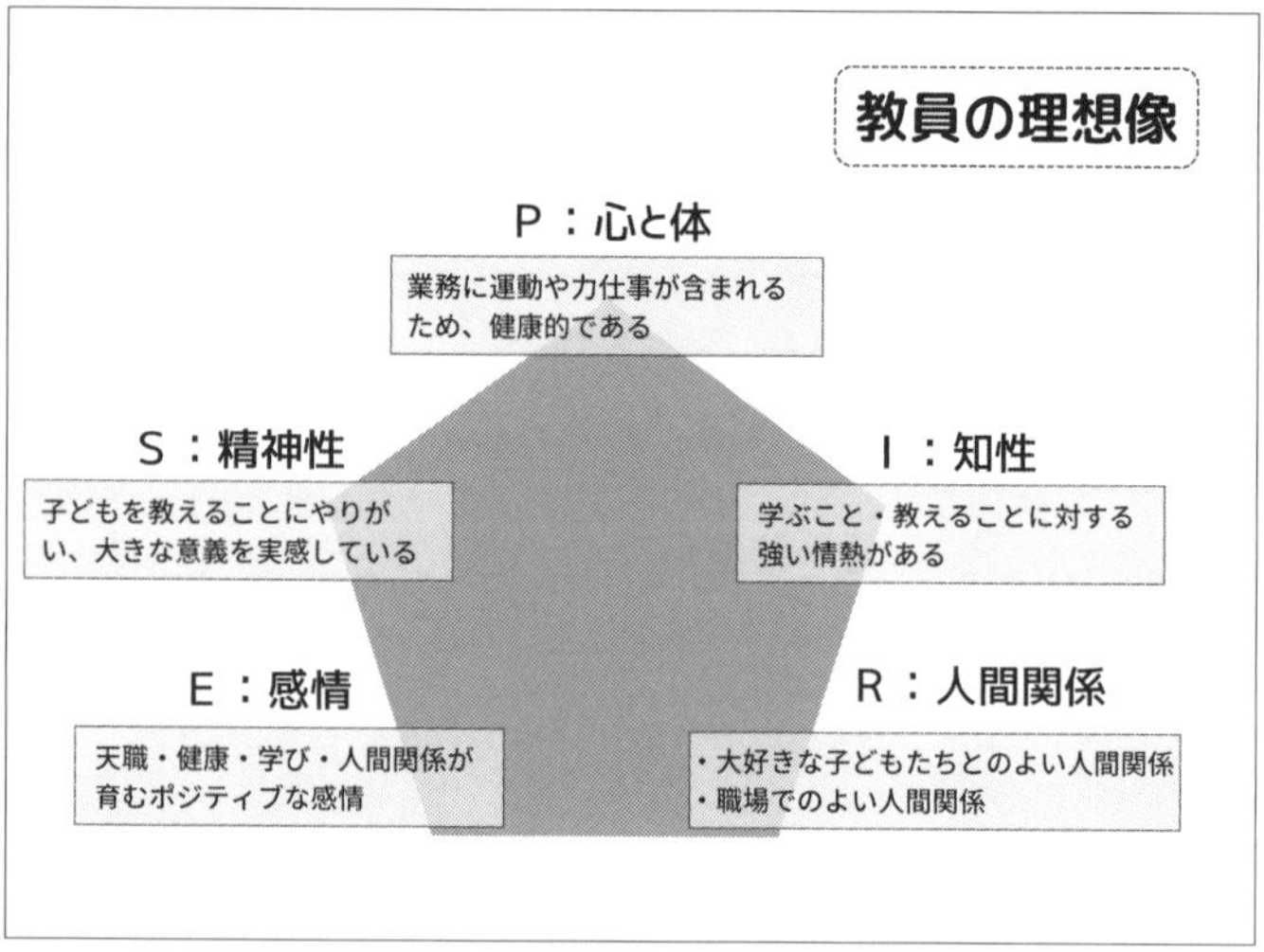

図表3　教員の理想のSPIRE図

な理想像です。この場合、教員はＳＰＩＲＥが満たされ、たいへん幸せな状態です。

一方、この幸せな像は今の教育現場で実現できていない状況にある場合が多いのではないかと感じています。

まず、仕事量の多さや、さまざまな問題への対応等から、心身を疲弊させ、Physical《心身的》 Well-being が減少しているケースをよく耳にします。クタクタで日々働くのがやっとで、学びの意欲が低下したり、他者との人間関係のゆがみが生じたりして、自分の家庭の幸せを顧みる余裕もなくなってしまいます。

このような状況の教員は自身の学びへの投資や授業の準備になかなか時間を割けない状況にあります。さらに疲労も重なり、授業の質が上がらなかったり、頑張っているつもりでも質が落ちてしまったりすることもあります。

このように、Physical《心身的》 Well-being、Intellectual《知性的》 Well-being が押し下げられることで、Emotional《感情的》 Well-being が引きずられて下がってしまう。本来は感受性が高く、児童生徒の変化を察知できる教員も、それができなくなったり、教員本人の喜びやポジティブな感情が色あせたりしていってしまいます。

このような大変な状況の中、多くの教員は子どもを教えることに対する意義の実感というSpiritual《精神的》 Well-being、大好きな子どもたちとの心の触れ合いというRelational《人間関係的》 Well-being、この2つの幸福感に支えられ、これが働きがいとなり日々身を粉にして働いている。これが教員の現実だと感じています（**図表4**）。

Spiritual《精神的》 Well-beingとRelational《人間関係的》 Well-beingに支えられている働きがい。このタイトロープを渡るような働き方は、人間関係（Relational）が崩れると崩壊してしまう危険性が高いです。

教育の質が低下し、子どもの学習意欲を喪失させたり、子どもたちからの信頼

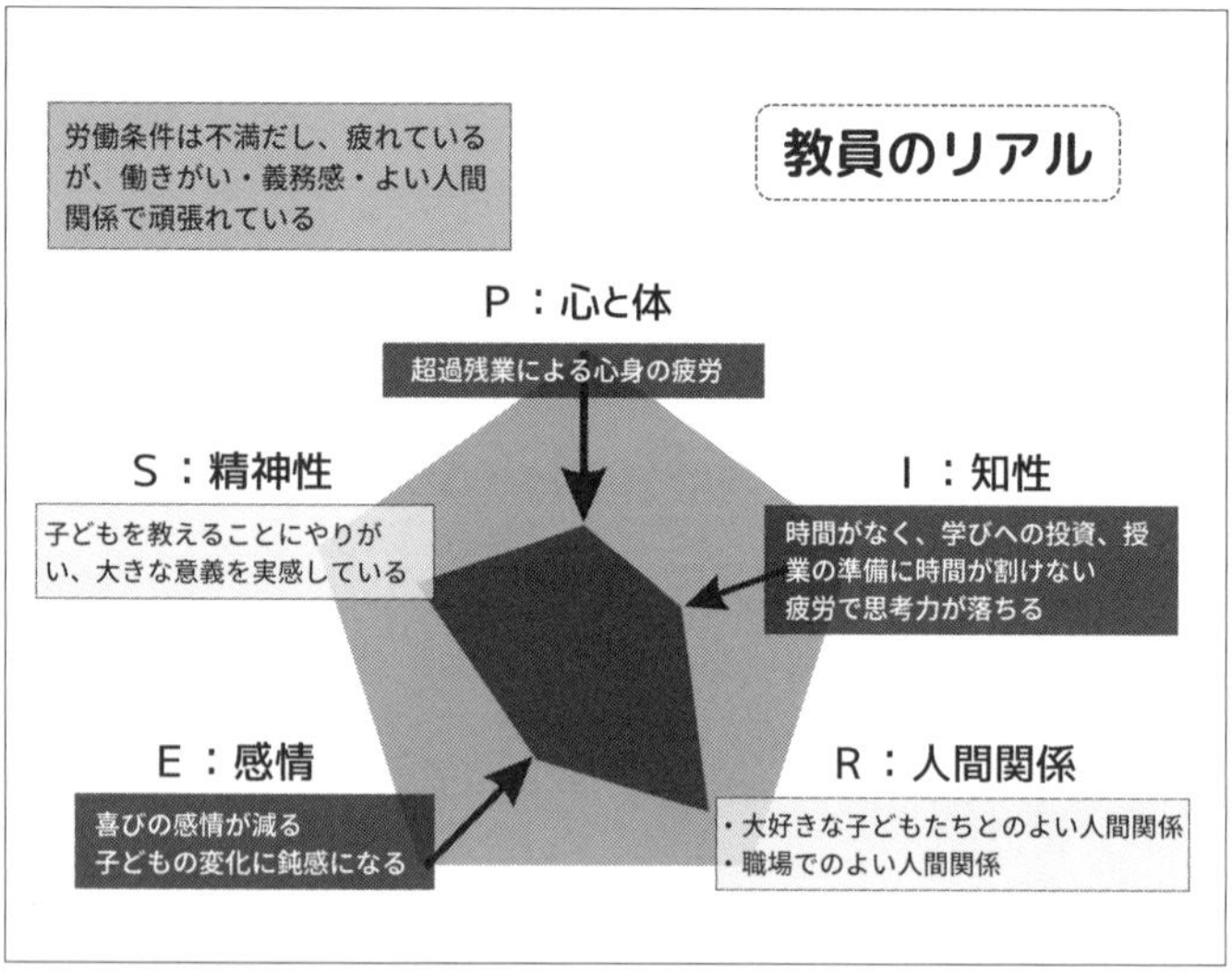

教員のリアル
労働条件は不満だし、疲れているが、働きがい・義務感・よい人間関係で頑張れている
P：心と体
超過残業による心身の疲労
S：精神性
子どもを教えることにやりがい、大きな意義を実感している
I：知性
時間がなく、学びへの投資、授業の準備に時間が割けない
疲労で思考力が落ちる
E：感情
喜びの感情が減る
子どもの変化に鈍感になる
R：人間関係
・大好きな子どもたちとのよい人間関係
・職場でのよい人間関係

図表4　教員の現実のSPIRE図

を失ったりする。クラスを制御できなくなる。保護者の方々ともめごとが絶えなくなる。また、職場においても、心身の疲労により思考が狭くなることで相手の気持ちを考えることができなくなり、トラブルとなってしまう。こういった状況になると、もはや精神（Spiritual）だけで幸福感を維持することは困難です。強い行きづまりを感じ、自己無能感にさいなまれ、最悪の場合、意義の感覚まで喪失してしまいます（**図表5**）。

このような状態になってしまうと、不幸感一杯のなか、日々を耐えるしかありません。

教職員の精神疾患による病気休職率は

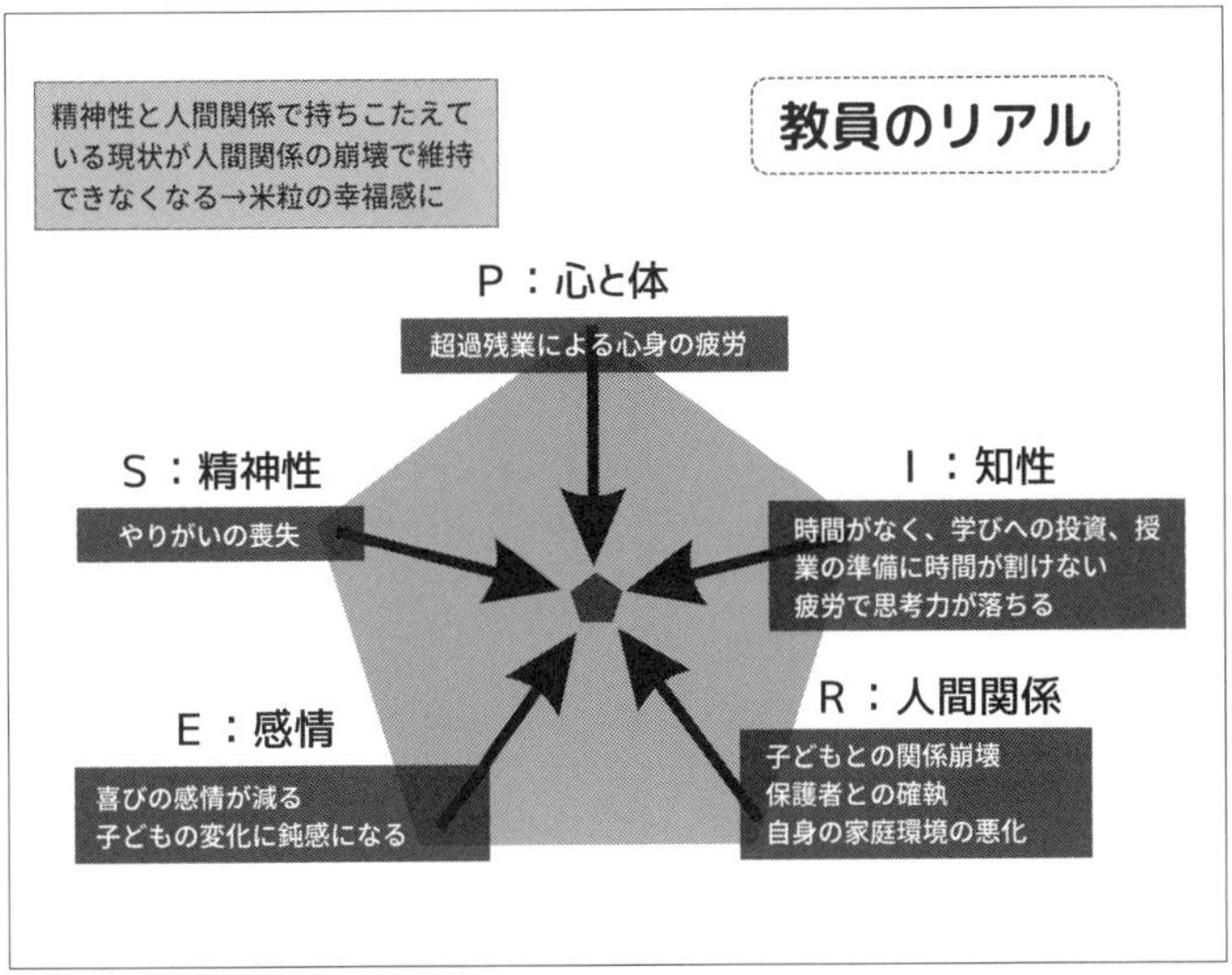

図表５　最悪の場合の教員のSPIRE図

年々増加傾向にあり、この病んでしまう教職員が多いという現状が、綱渡りの働きがいに支えられている事実を物語っているのではないでしょうか。

現状を打開するための「ウェルビーイングな学校づくり」のビジョン

私は、学校を大きな船にたとえ、教職員との共通理解を図っています。校長は大海原の波を読み、的確な航路を見出し、大きな波にも備えておきます。そのため、誰よりも海について学び続け、先を見なければならないと考えています。そして何より、乗組員（教職員）を大切にし、乗組員や乗客（児童生徒）の幸せを願い行動します。

乗組員は羅針盤（グランドデザイン）を手に目的地（めざす学校像）に同方向のベクトル（意識）で向かい、生き生きと個々の役割（持ち場を守る・自己評価シートの目標）を果たしていきます。最終的な目標は、乗組員が幸福感をもって職務と向き合い、乗客が幸せになる力をもてるよう育むことです。このような船は、他者からも信頼され、応援され、穏やかな波の中、目的地に向かい堂々と航海できることでしょう。

このイメージを実現させるため、私はタル博士のハピネススタディ、そして隆司先生が提唱するウェルビーイングについて真剣に学び、また私の強みである道徳教育や30年以上の教職の経験をウェルビーイングの学びとミックスさせ、私独自の方法を考え、実践してきました。

①私が校長を務める平方北小の教職員のウェルビーイングを少しずつ高めるための取り組みを体現し、全教職員と「チーム」として一丸となって推進する。
②幸せは伝播するので、教職員が幸せになっていくと、子どもにも幸福感が少しずつ増えていく。
③さらに学校からの発信や子どもの変容から保護者や地域に波及し、ウェルビーイングの好循環が促進される。その好循環のループが地域社会に波及していく。
④小学校教育が地域全体のウェルビーイング促進に貢献する。

これが、私の志向する「ウェルビーイングな学校づくり」のビジョン（**図表6**）です。

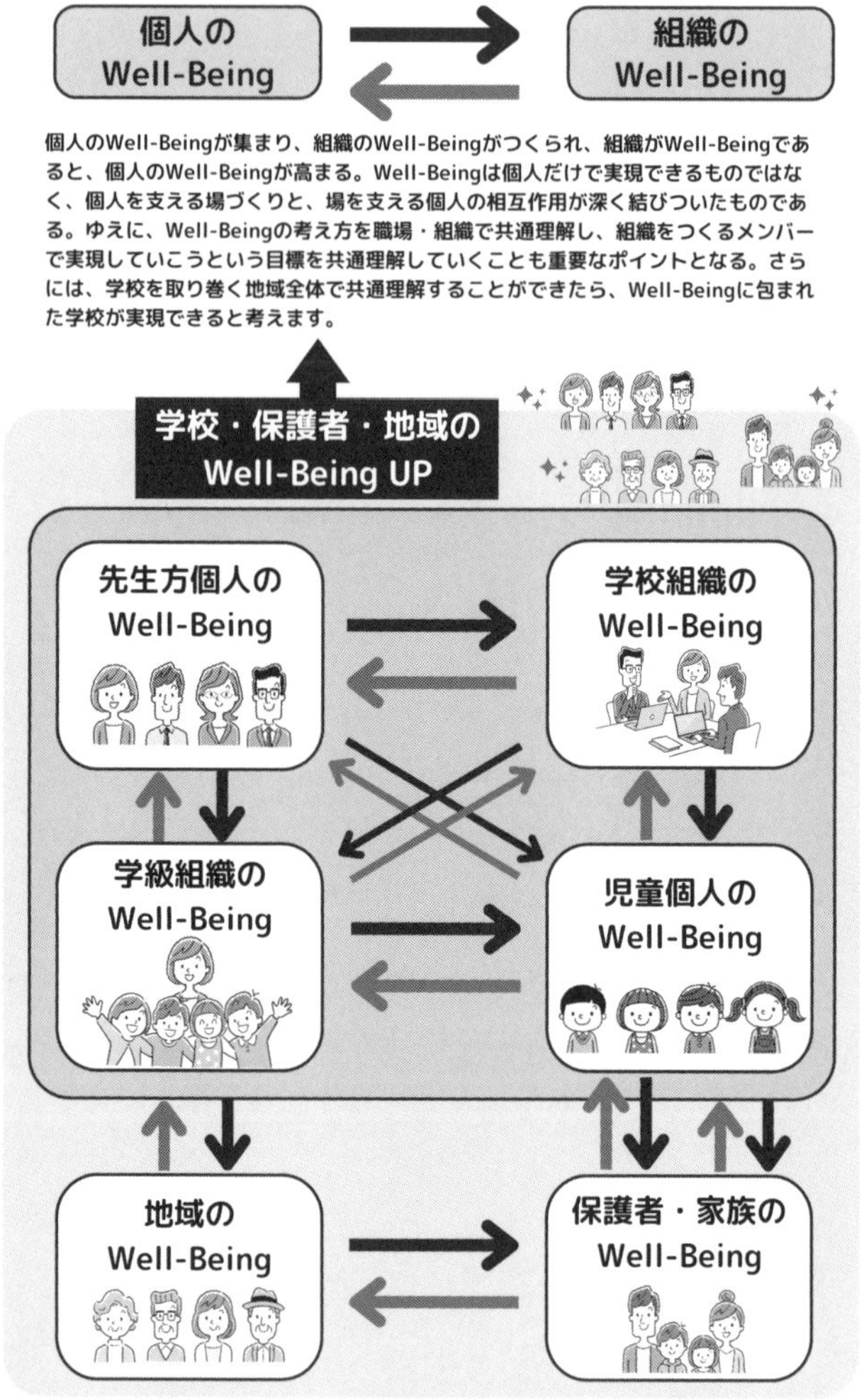

個人の
Well-Being
組織の
Well-Being
個人のWell-Beingが集まり、組織のWell-Beingがつくられ、組織がWell-Beingであると、個人のWell-Beingが高まる。Well-Beingは個人だけで実現できるものではなく、個人を支える場づくりと、場を支える個人の相互作用が深く結びついたものである。ゆえに、Well-Beingの考え方を職場・組織で共通理解し、組織をつくるメンバーで実現していこうという目標を共通理解していくことも重要なポイントとなる。さらには、学校を取り巻く地域全体で共通理解することができたら、Well-Beingに包まれた学校が実現できると考えます。
学校・保護者・地域の
Well-Being UP
先生方個人の
Well-Being
学校組織の
Well-Being
学級組織の
Well-Being
児童個人の
Well-Being
地域の
Well-Being
保護者・家族の
Well-Being

図表6　ウェルビーイングな学校づくりのビジョン

子どもたちを取り巻く環境

子どもたちは、家庭・学校・地域の環境の中で育っていきます。

それぞれが、共通理解のもと支え合っていれば、子どもたちは安心して、伸び伸びと自分の力を発揮し、伸ばすことができます。（心理的安全性の確保）

それぞれが敵対してしまったら、子どもたちの心には不安が生まれ、安心して自分の力を発揮することができないでしょう。

SPIREの「R」は、この３者の関係のよさがたいへん重要になります。

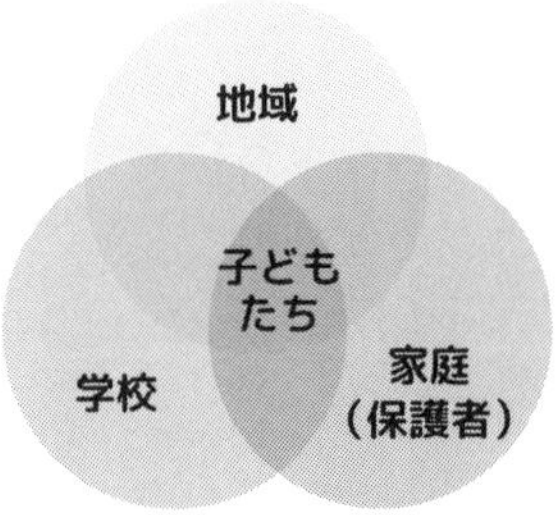

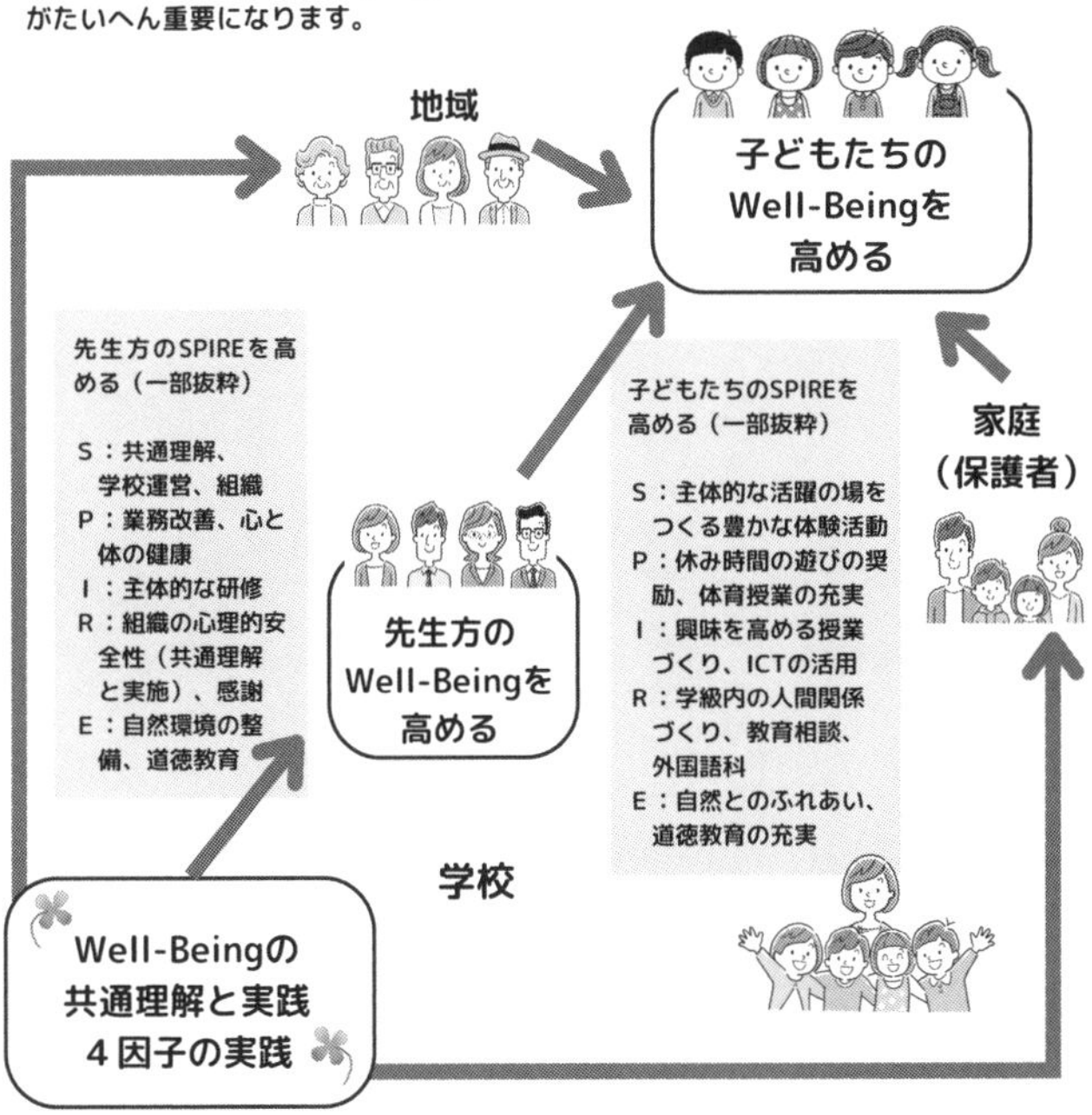

ウェルビーイングな学校づくり12法則

図表7は、私のウェルビーイングな学校づくり12法則です。この法則を軸に実践を進めることで、本校では、先生にも子どもにも、明らかな効果が現れています。

次章から、具体的な取り組みの一部を紹介します。

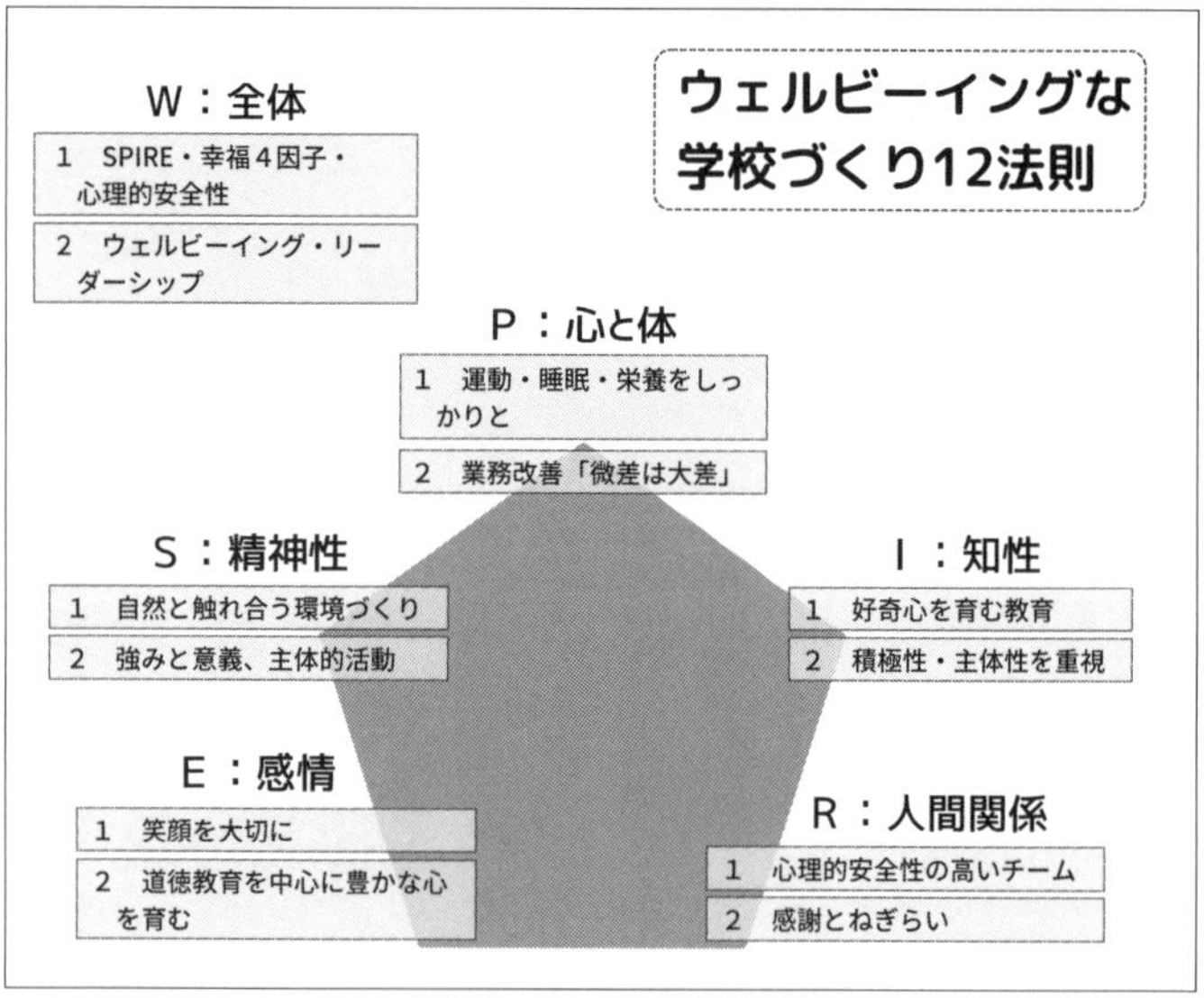

ウェルビーイングな学校づくり12法則
W：全体
1　SPIRE・幸福４因子・心理的安全性
2　ウェルビーイング・リーダーシップ
P：心と体
1　運動・睡眠・栄養をしっかりと
2　業務改善「微差は大差」
S：精神性
1　自然と触れ合う環境づくり
2　強みと意義、主体的活動
I：知性
1　好奇心を育む教育
2　積極性・主体性を重視
E：感情
1　笑顔を大切に
2　道徳教育を中心に豊かな心を育む
R：人間関係
1　心理的安全性の高いチーム
2　感謝とねぎらい

図表７　ウェルビーイングな学校づくり１２法則

１章

Whole-being
——総合的なウェルビーイング（持続可能な幸せ）

W1 SPIRE・幸福4因子・心理的安全性

前述したように、ＳＰＩＲＥというウェルビーイングの5つの要素を高めることで、持続的に幸せでいられることが学術的・科学的に分析・証明されており、私自身、そのことを心から実感しています。

また、「やってみよう・ありがとう・なんとかなる・ありのままに」の幸せの4因子は、ＳＰＩＲＥを高めるためにどのような心でいればよいのかを示してくれています。

意義のある取り組みや学びに「やってみよう！」とチャレンジすることは、Spiritual《精神的》 Well-being と Intellectual《知性的》 Well-being を高めます。

「ありがとう！」と感謝の気持ちを伝えることで、相互の Relational《人間関係的》 Well-being が高まります。

「なんとかなる！」という楽観的な気持ちは情緒を安定させ、Emotional《感情的》 Well-being を高めやすくします。

「ありのままに！」と、自分らしく生きることはすべての要素の向上につながります。
そして、学校において、子どもたち、教職員が潜在能力を最大限に発揮するために欠かせない大切な要素が、心理的安全性であると考えています。自由闊達に発言ができることが、のびのびとした教育には必要不可欠です。

このように、ＳＰＩＲＥ・幸福４因子・心理的安全性の３つをウェルビーイングな学校づくりの軸とする。これがWhole-being《総合的な幸せ》第一法則の理念です。

ここでの具体的な取り組みは、「ウェルビーイングとは何か。そして、私たち共同体の構成員皆がよりウェルビーイングを高めていくにはどのような考え方、姿勢、態度が大切で、どのような実践をすることが大切なのか」について、共通理解を深めるものです。

(1)　ウェルビーイングの共通理解を図る

✽ 学校だより・校長室だよりでウェルビーイングの認知度を上げる

令和２年度、私は異動した平方北小学校で、学校経営方針（グランドデザイン）にウェルビーイングを盛り込むことにチャレンジしました。

この4月は、新型コロナウイルスによる全国一斉臨時休業から始まったため、「幸せな学校に！」といきなり言うことは現実的ではなく、学校に子どもたちが通えないという現状に向き合うことが第一優先でした。教職員には「幸せ」という言葉はつかみどころのない理想像に近いものとしてとらえられ、私がめざしている具体的な姿をすぐに理解してもらうことは容易ではなく、ネガティブな反応もありました。

でも、こんな時だからこそ、子どもたちの幸せを考えた学校経営をしていかなくてはと、心の奥での決意は揺るがないものになりました。そこで私は、1年かけてウェルビーイングの考え方の共通理解に取り組むことにし、まず序章で書いたウェルビーイングの学術的な知見について、学校だよりや校長室だよりで、タイミングを見計らって伝えてきました。

「学校だより」で伝える

みなさんはどんな未来であってほしいと願いますか？　私は、世界中の子どもたち・人々が安心・安全で幸せに過ごす未来であってほしいと願います。

一秒先も未来です。今が未来の始まりです。「幸せに生きるための力をもった子どもたちを育てる」ためには、大人が幸せな生き方を体現していくこと、大人が幸せな世界にするために努力する姿を、子どもたちに見せていくことから始まるのだと思います。身近なところ、日々の生活を少し変えてみるだけで変わっていきます。そこで6月をスタートに次の二つのことの意識を高めていきましょう。（以下略）

「校長室だより」で伝える

教育現場にいて、多くの時間を子どもたちと過ごしている私たちだからこそ、子どもたちに少しでも幸福感を与えることができるのではないだろうか。学力向上もしかりだが、やはり幸福感（心）あっての、「学習意欲」「忍耐強さ」「努力」「夢をもつ」……本気で勉強したいと思えるのではないだろうか。「幸福感を育むこと」が「心を耕す」一番の基盤である。

ウェルビーイングを全体的に高めていくには、5つのウェルビーイング要素であるＳＰＩＲＥを少しずつ着実に高めていくことが大切です。そのための手法として教職員に伝えるにはまず幸せの4因子だろうと考え、その紹介を折々で行いました。

✿学校運営協議会への提案

地道な取り組みにより幸せの4因子やウェルビーイングの概念が徐々に浸透し、機が熟してきたと感じた私は、令和3年3月、学校運営協議会に「学校経営方針にウェルビーイングを全面的に取り入れたい」と提案しました。

本校はコミュニティ・スクールで、学校運営協議会はPTA会長・各地区の代表者、スクールガードリーダー（児童の登下校を見守る方々の代表者）・校長・教頭・有識者代表（元校長や地域の有力者）等で構成されています。ここで校長は学校経営方針を提示し、参加している皆様に承認をいただく必要があります。

「やってみよう！」因子全開のチャレンジで

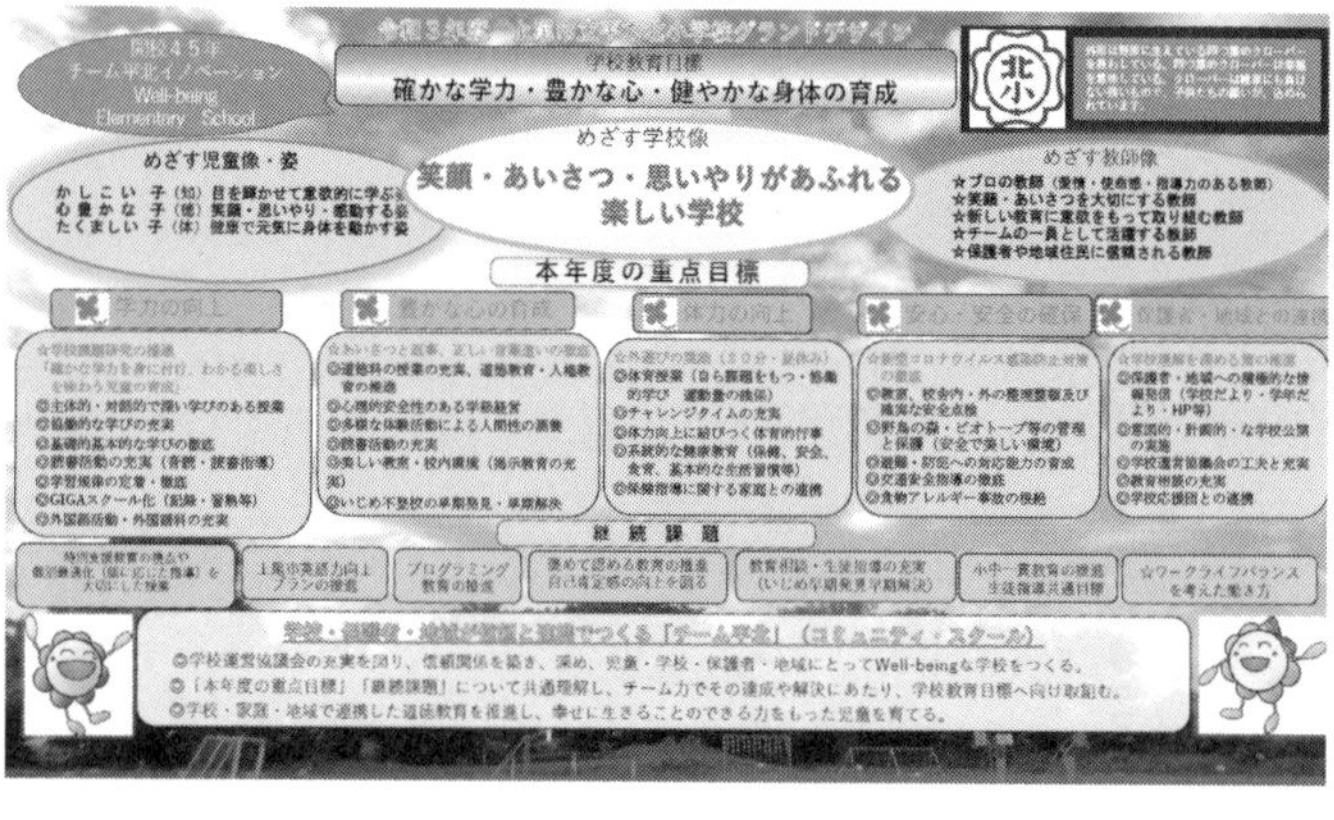

図表1－1　令和3年度の学校グランドデザイン

したが、パワーポイントを活用して、ウェルビーイングの考え、４つの因子の説明を丁寧に行ったことで、大きな賛同を得られ、承認いただきました。

❀ Well-being Education（Ｆａｃｅｂｏｏｋグループ）の立ち上げ

令和２年10月、Well-being EducationというＦａｃｅｂｏｏｋグループを立ち上げました。そこでは、オンラインセミナーを毎月実施し、主に学校教育に携わる方に向けたウェルビーイングに関する学びと、本校や参加者の取り組み等についてのディスカッション等を行っています。当初は10名程度で静かに始めたコミュニティも、令和４年10月末現在で１３１名となりました。

日本各地から参加してくださる方々の声に勇気をいただきながら、約２年間継続しています。本校の全教職員にも声をかけ、さらに深く学びたいという方の学べる場をつくっています。もちろん、本校の教職員には、「これは校長としてではなく、中島晴美としてのアナウンスなので、参加と仕事とは全く別物ですから安心してください」と伝えています。セミナーの内容については、必要に応じて校長室だよりで発信しています。

また、令和３年３月21日のshiawase 2021というウェルビーイングの大きなイベントで私が行った学会発表にも、本校の教職員を招待しました。

✿ウェルビーイングを学校経営方針に

令和3年4月1日新学期。教職員全員に学校経営方針を伝え、パワーポイントを使用してSPIRE・幸福4因子の概要を説明しました。また、年度初の校長室だよりで私の思いを表明しました（50頁）。令和4年には、学校運営協議会の委員の方々から、「SPIREや幸福4因子の内容も学校経営方針に記載したほうがよい」とご意見をいただき、学校経営方針の中に明記しました。今までのウェルビーイングという言葉に加え、具体的内容が入ったことにより、めざす方向をはっきりと示すことができました。

学校経営方針にウェルビーイングを取り入れた後にも、全教職員でしっかりと共通理解が図れるように、校長室だよりでSPIRE・幸福4因子・心理的安全性について積極的に情報発信しています。また、トイレ、更衣室、事務室、職員室にSPIREと4因子の掲示物を掲示し、日常的に意識できるようにしています。校長室前廊下には**写真1－1**のように常設掲示をしています（※4因子を「ひらっきーのひみつ」〈51頁〉として掲示しています。その周りには講話集会で活用したパワーポイント画面を掲示しています）。

✽ 一人ひとり理解者・体現者を増やしていく

このように、可能な限りの機会を活用し、まずは「ウェルビーイングについて知ってもらう段階」、次に「内容について理解してもらう段階」、そして、「ウェルビーイングの考えを実践する段階」へと引き上げていきました。そこまでの道のりは、校長という立場であっても険しいものでした。

はじめは、「絵に描いたもち」のように実現できない理想像であるとか、校長が持ち込んできた特異なものであるかのように、一歩引いて受け止めていた教職員もいました。また、「本校では無理」「おっしゃっていることはわかりますが、本校の実態をご存知ないから言えるのであって、それ以前の課題が山積しているのです」などと直接言いに来る教職員もいました。

■写真１－１　校長室の掲示スペース

私は、その意見も受け止めつつ、本当に無理なのか、何が無理なのか、どのようなアプローチが必要なのかじっくり観察しながら、発信を続けました。組織の昔からの風土は簡単に変えられるものではありません。それでも、教職員一人ひとりと対話し、理解者を増やしていくことに努めました。とにかく根気強く、教職員の幸せを願った言動を私が体現していくことで、信頼関係が生まれ、少しずつ教職員の気持ちがこちらに開かれてくるのを感じました。

そこで全教職員に声をかけ、可能な方は「✤Well-being Education」のオンラインセミナーに参加してもらえるようお願いしたところ、何人かの教職員が参加してくれました。

そして、オンラインセミナーに参加したある教員が、次の日に校長室を訪れ、

「校長先生の昨日のお話はとてもすばらしいことだと思いました。実行していきたいと思います。今まで校長先生が話されてきたことが、ストンと心に落ちました。管理職の先生にとっても心理的安全性のある職場でないと、うまくいかないですよね。私はこれからこのことを実行していきたいと思います。」

と話してくれました。ベテランで、他の教職員からも信頼のあるこの教員の言葉から、教職員のベクトルが一気に同じ方向に向いたことを実感しました。

たとえウェルビーイングのすばらしい考え方であっても、上司からの指示命令だけでやりなさいと言われ、心がそこになければ全く意味のないもの、ともすると邪魔なものになってしまいます。私は、そのような悲しい結果にならないように、丁寧に伝えていくこと、本気で体現していくことが大切であるという信念をもっています。そうすることにより、一人また一人と理解者、体現者が増え、小さな流れがいつか大きな流れへと変化していくことを信じています。流行や見せかけでなく本気で体現していくことにより、自分も周りもウェルビーイングになり、ウェルビーイングな学校が徐々につくられていくのです。

❀「ウェルビーイング研修会」の実施

令和4年度は、校内研修計画に「ウェルビーイング研修」を位置づけ、夏休みに2回研修会を行いました。内容は「レジリエンス力を高める」「メタ認知・行動認知療法を知る」です。対話を取り入れ、和気あいあいと楽しみながら学ぶことができるよう工夫して行いました。

令和３年度
上尾市立平方北小学校

校長室だより

4月12日（月）
第１号

「笑顔・あいさつ・思いやりあふれる楽しい学校」を目指して

令和３年がスタートしました。コロナ禍はまだ続き、今年度も一つ一つの行事を丁寧に見直しながら進むことになると想定されます。どんな時も、**力を合わせ、知恵を出し合い、最良の方法を考えて進んでいきましょう。**

歴史上にも記録のない事態が今、人間界を襲っています。学校においても、前人未到の状況が続いています。このピンチは、**チーム力がある組織は、乗り越えることができます。さらに、ピンチをチャンスに変えることができます。平北小の教職員の皆さんは本当に力のある素晴らしい方々です。このチームなら、一致団結して、これからやってくる様々な困難も乗り越えることができます。**

Well-being の考え（SPIRE　&　幸せの４つの因子）を念頭に置き、笑顔・姿勢・言葉（ポジティブな言葉に変える）を意識して、そして仲間を信じて、令和３年度の波をしっかり乗り越えていきましょう。

幸せに必要な５つの要素（タル博士）

５つの要素がWell Being（ウェルビーイング＝よい状態）であると、満ち足りて充実した幸せな人生を体現することができると述べています。

Spritual	① スピリチャル　（自分の本質、自己肯定感、生きるエネルギー、主体性）のWellbeing
Physical	② 身体的　（健康　栄養・睡眠・運動）のWellbeing
Intellectual	③ 知性的　（知的好奇心）のWellbeing
Relational	④ 人間関係的（人々とのよい人間関係）のWellbeing
Emotional	⑤ 感情　のWellbeing

世界の第一人者タル・ベン・シャハー博士（元ハーバード大学教授）の研究結果から。

今の自分・家族・クラス全体・気になる児童・授業・１日・１週間・１ヶ月の子どもたちの状態を時々SPIREに当てはめて振り返って見ましょう。「楽しい学校」＝安心・安全・幸せであることが必須です。一時間一時間の授業や活動の積み重ねが、子供たちにとっての学校生活になります。

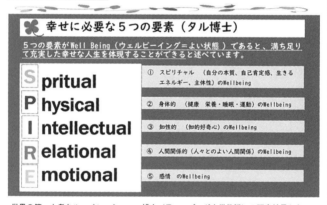

(2) 学校キャラクター「ひらっきーのひみつ」

平方北小学校の校章は「四つ葉のクローバー」、そしてマスコットキャラクターは「ひらっきー」です（**図表1－2**）。

正面から見るとわかりづらいのですが、背中が**図表1－3**のようになっています。そうです、四つ葉のクローバーを背負っているのです！

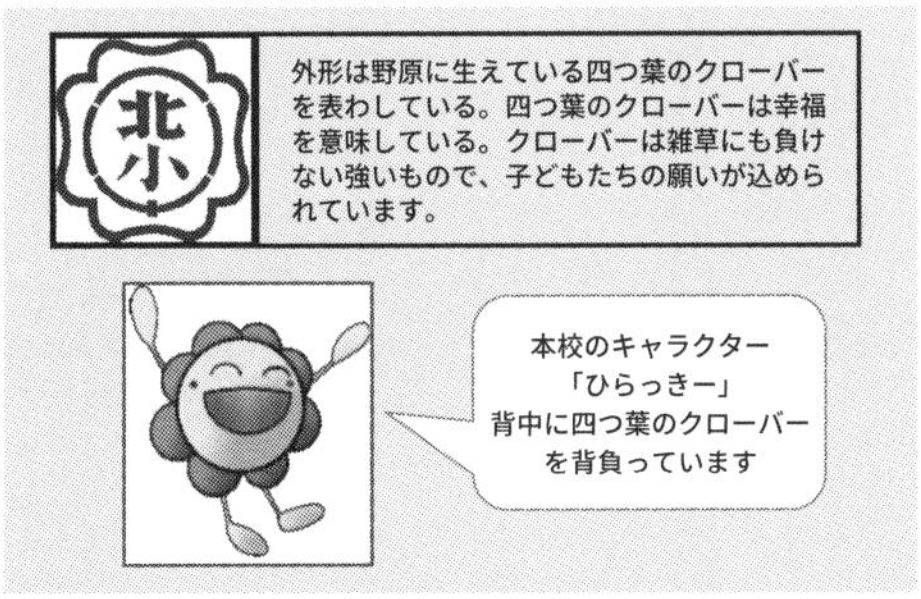

北小
外形は野原に生えている四つ葉のクローバーを表わしている。四つ葉のクローバーは幸福を意味している。クローバーは雑草にも負けない強いもので、子どもたちの願いが込められています。
本校のキャラクター「ひらっきー」背中に四つ葉のクローバーを背負っています

図表1－2　平方北小学校の校章とマスコットキャラクター

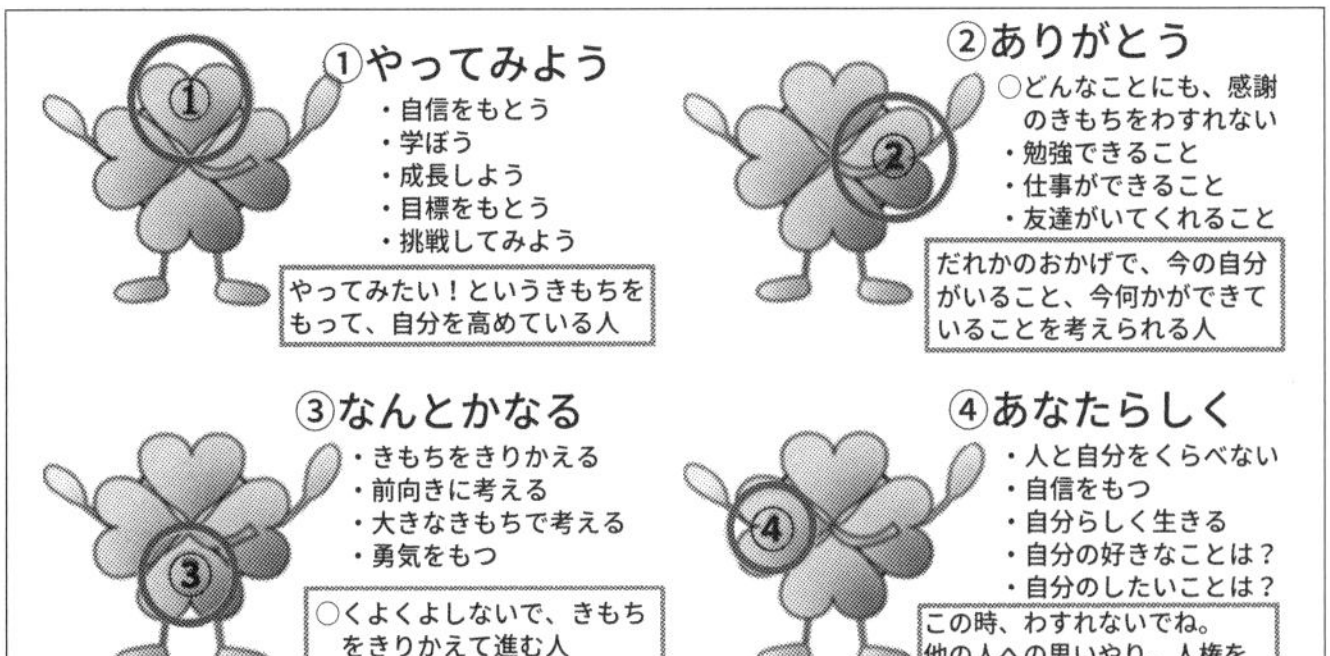

①やってみよう
・自信をもとう
・学ぼう
・成長しよう
・目標をもとう
・挑戦してみよう
やってみたい！というきもちをもって、自分を高めている人
②ありがとう
○どんなことにも、感謝のきもちをわすれない
・勉強できること
・仕事ができること
・友達がいてくれること
だれかのおかげで、今の自分がいること、今何かができていることを考えられる人
③なんとかなる
・きもちをきりかえる
・前向きに考える
・大きなきもちで考える
・勇気をもつ
○くよくよしないで、きもちをきりかえて進む人
○あきらめないで、前向きに進む人
④あなたらしく
・人と自分をくらべない
・自信をもつ
・自分らしく生きる
・自分の好きなことは？
・自分のしたいことは？
この時、わすれないでね。
他の人への思いやり。人権を守ること。ルールを守ること。未来の自分を想像すること。

図表1－3　ひらっきーのひみつ

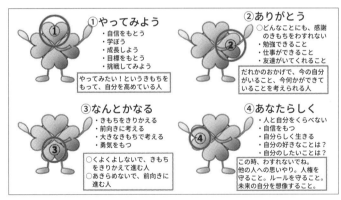

このキャラクターは、私が着任する前から平方北小学校のマスコットとして活躍していました。そして四つ葉のクローバーは幸運のシンボルです。

私は着任した時に、「校章が四つ葉のクローバー！　マスコットがラッキー（幸運）とかけてひらっきー！」ということに、これはもう運命に導かれていると感じました（笑）。ひらっきーの四つ葉の1枚1枚に4因子の意味をのせ、「ひらっきーのひみつ」として、「ひらっきーは背中に4因子を背負っているから、いつも笑顔でハッピーなんだよ」と子どもたちに話しています。

(3) 学校教育目標・学校経営方針・重点課題の策定方法の変更

学校教育目標・学校経営方針・重点課題は、学校の1年間の活動指針、到達目標を示すものであり、1年間の羅針盤になるものです。学校経営（運営）においてきわめて重要なものですが、私はこの方針・課題策定の進め方をウェルビーイングな学校づくりに生かさない手はないと考え、有効に進められるよう丁寧に計画を立てて実施しています。

【従来】

・12月：保護者・児童に学校についてのアンケートをとる。

・1月：アンケートの集計結果も参考にして、教職員個々が学校自己評価をする。

・2月：教頭が教職員の学校自己評価を集計し、学校全体の学校自己評価結果をまとめ、教職員に周知する。

：学校自己評価結果をもとに、学校評議委員に学校の評価をいただく。

・3月：評価結果の公開後、校長がそれらの内容を参考にし、次年度の学校経営方針・重点課題を作成し、学校運営協議会で承認を得る。

・4月：新学期に校長が承認を得た学校経営方針・重点課題を発表する。

これを次のように修正しました。

【変更後】

・7月：保護者・児童に学校についてアンケートをとる。

：集計結果をもとに教職員個々が学校自己評価をする。

：教頭が結果を集計し、1学期の状況を把握し、課題解決に向かっているか確認するとともに、２学期に重点化する内容について全教職員で把握する。
・９月：学校だよりで結果の概略を知らせ、保護者との共通理解を図る。
・12月：保護者・児童に学校についてのアンケートをとる（課題点が改善されているか、本年度の重点課題が解決に向かっているかを把握するとともに、本年度の学校評価の参考とする）。
・１月：集計結果をもとに教職員個々が学校自己評価をする。
・：教頭が教職員の学校自己評価を集計し、学校全体の学校自己評価結果をまとめ、教職員に周知する。
・２月：教職員が学校自己評価を分析し、そこに存在する課題を確認・共通理解し、その課題に対し、具体的方策を提案する。
・３月：提案をもとに校長が調整し、学校経営方針・重点課題案をつくり、教職員に事前開示する（※ここでは、県や市の重点目標・努力点を考慮し、校長として取り入れるべきと判断することははっきりと提示していきます）。
・３月：学校運営協議会で承認を得る。
・４月：第１回職員会議で校長が学校経営方針・重点課題を発表する。

これは、全教職員の主体性、そして参画意識を高めることが目的です。自分たちが行ってきた教育活動を振り返り、課題をつかみ、課題解決に向けた具体的な取り組みを主体的に考えることで、「自分たちがつくる学校」という意識を高めることができるのです。

　課題把握と次年度に向けての具体策を考える段階で、次年度めざすべき地点が見え、自分は何に責任をもって取り組んでいくべきかを考えることができます。未来を想像できるということは、計画性をもつことにもつながります。そして、「学校教

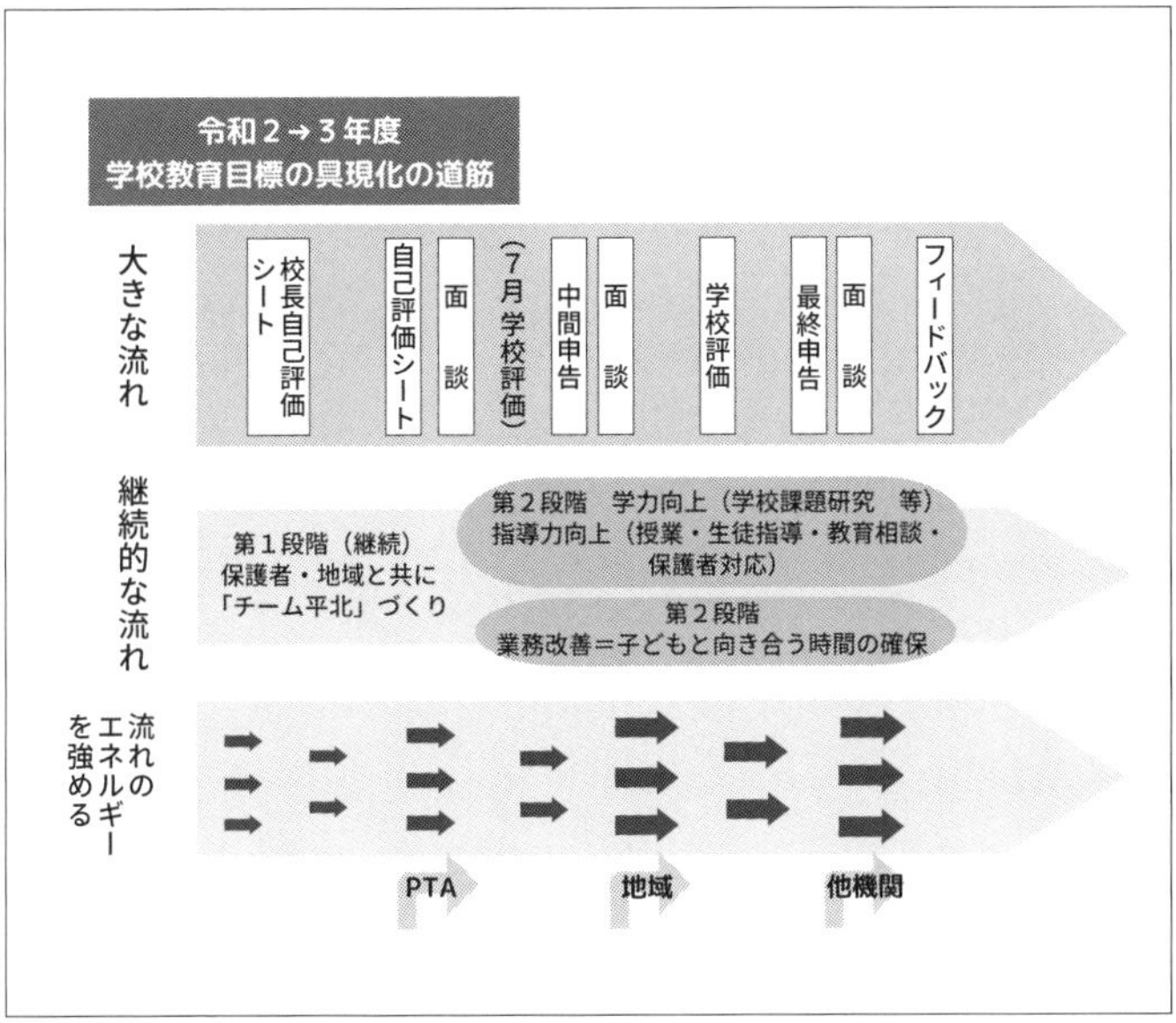

図表１－４　学校教育目標　具現化の道筋

育目標や」「めざす学校像」「めざす児童像」を自分たちの目標としてはっきりととらえることができるため、子どもたちに語りかける教職員の言葉が変わってきます。さらに、参画意識、主体性が高まることで教職員の自己肯定感・自己有用感にポジティブな効果が現れます。このことはなんといっても、ＳＰＩＲＥの「Ｓ」を高めることにつながり、教職員のウェルビーイングを高めます。

このように、私はＳＰＩＲＥ・幸福４因子・心理的安全性を思考の柱にしています。どのような策を講じると、ＳＰＩＲＥのどの部分を高めることができるのかを常に意識しながら、スモールステップで、具体的な策を取り入れ実践しています。

W2 ウェルビーイング・リーダーシップ

学校現場では、一人ひとりが何らかの場面において、リーダーシップを発揮することが求められます。そのリーダーの考え方次第で、その組織（学校や学級）がウェルビーイングになるか否かが変わってきます。ウェルビーイングな組織をめざすためには、個人のスキルを身につけるとともに、リーダーシップの方法についても学んでいく必要があります。

リーダーのあり方について、タル博士は次のように言っています。

「最高のリーダーは、ズームインとズームアウトを使いこなし、自身の意志により自由に視点を変えられる人たちである」と。

最高のリーダーたちは、その場を楽しんだり感動したりするとともに、それを俯瞰して内省することもできるという心理的成熟がなされています。このように意思により視点を変更するというスキルは、他のどんなスキルとも同様に練習により磨くしかありません。

私はさまざまなリーダーシップ論を学んできましたが、その中で特に私にとって重要だと考え、実践している5つのリーダーシップ論があります。それぞれの論のすばらしいところを、自分の個性、組織の状況、課題、目標等に応じて使い分けることが、ウェルビーイングにつながると考えています（以下、⑵以降の括弧内は主な提唱者）。

⑴ ダニエル・ゴールマンのリーダーシップ論

心理学者ダニエル・ゴールマンが提唱したのが以下の6つのリーダーシップタイプです。

①ビジョン型：ぶれない信念と価値観をもち、チームをまとめていく
②コーチング型：メンバーの性格や特徴を活かして、成果をあげていく
③調整型：意思決定プロセスにメンバーを参加させることで、チームをまとめていく
④仲良し型：心理的安全性を軸にチームをまとめていく
⑤実力型：リーダーの実力が高く、実力や実績でチームを引っ張っていく
⑥指示命令型：強制的に指示命令することで成果をあげる

私が推奨しているスタイルは①〜④です。なお、⑥の「指示命令型」は、メンバーの主体性が生かされず、不満をもちやすく、離職率が高い傾向にあると言われています。リー

ダーになると、無意識に指示命令型になってしまう人も少なくないため、意識して改善することが重要だと考えます。学校現場は管理職のみならず、誰もがリーダーシップをとる場面がありますので、この点には気をつける必要があります。

〈具体的な実践〉

①ビジョン型

ウェルビーイングの考え方を理念とし、学校経営を行っていくという信念をもって、ブレずに進んでいます。

②コーチング型

日頃の相談や、自己評価シートにかかる面談の際には「問い」をうまく組み合わせながら、メンバーの主体性を伸ばすことを意識しています。

③調整型

最終的な大きな判断や決断は校長が責任をもって行いますが、そこに至るまでのプロセスで、メンバーも参加し話し合い、判断や決断をするために必要な条件等をさりげなく添えています。意図的にメンバーの視野を広げたり、判断する力を育んだりしていくことを意識して、校長が調整役となることもあります。

④仲良し型

基本的に全教職員が、「心理的安全性のある職場」＝「なかよし」であると思っています。放課後には、家族や趣味の話などをしながら、自己開示したり、相手を深く知ったりすることで、よりいっそうの信頼関係を築くことができます。またそこから、本気で相談できる環境も生まれます。本校では、令和３年度に２人の教職員から妊娠の報告があり、その時もさまざまな個人的な悩みがありましたが、２人とも「とても話しやすかったので、安心できました。ありがとうございました」と心境を伝えてくれました。

(2) トランスフォーメーショナル・リーダーシップ（バーナード・バス）

ビジョンを重視したリーダーシップです。ポイントは以下の3点で、部下とビジョンを共有し、組織や仕事の魅力を伝えることで、部下のモチベーションを高めます。

①カリスマ：組織のビジョンを明確に掲げ、部下に伝え、部下にビジョンに基づいて働く動機づけをする

②知的刺激：部下の考えを認め、意味や問題解決策を考えさせる

③個人重視：部下一人ひとりに対し、個別のコーチングや教育を行う

〈具体的な実践〉

①カリスマ

学校経営方針の説明を、パワーポイントを活用して視覚的にも伝わるよう丁寧に行い、年度の「学校という船の羅針盤である」という意識を高めています。また、グランドデザインを常に職員室内や職員玄関に掲示し、ビジョンにブレがなく進められるようにしています。

②知的刺激

学校評価時には、課題とともに解決に向かうための具体策案を記入してもらい、その案について必ず検討し、実行していきます。そうすることで、教職員の成功体験も増え、自己有用感や、学校運営への参画意識も高まります。

また、紙面カエル会議（業務改善策提案、詳細は98頁）では、必ずその方策を書いてもらい、その策について、即実行できるものは実行し、検討が必要なものはしっかり検討していきます。実行不可の案については、提案者の考えを聴きながら、実行できない理由をしっかり伝えます。これにより、自己有用感の向上や改善の推進が進み、より働きやすい職

場となります。

③個人重視

自己評価シート面談では、少人数の学校の利点を活かし、一人ひとりの面談時間をたっぷりとります。「問い」を大切にしながら、向かうべき方向について本人に気づかせたり考えさせたりしています。また、人材育成計画の面から、管理職の期待を伝えたり、本人が気づいていない強みを提示したりすることで、方向性の調整を行うこともしています。

(3) サーバント・リーダーシップ(ロバート・K・グリーンリーフ)

メンバーを支援することを重視したリーダーシップです。「支配型リーダーシップ」の対義語とも言えます。メンバーを中心とした組織運営のため、信頼関係を重視し、部下の話に耳を傾けることで、個人を尊重したチームとなります。私はこのリーダーシップの考えがとても好きです。以下がポイントとなります。

○傾聴：メンバーの意見に耳を傾け、メンバーの立場に立って理解する

○癒やし：メンバーの現状や身体への配慮を行う

○気づき：リーダーが自分への気づきを意識する
○説得：服従させるのではなく同意するように説得する
○概念化：目標への思考を忘れず、ゴールをイメージする
○先見力：過去の教訓や事例、現在の業務から将来を予測する
○執事役：メンバーの能力や価値、可能性を信じる
○成長：業務内外問わず、メンバーの能力や可能性、価値を信じる
○コミュニティ：働きやすく成長できる環境をつくる

〈具体的な実践〉

○傾聴

相談に来た職員の話を、まずは傾聴し、自分で解決策を見出し実行できるよう、導く支援をしていきます。また、その成功に向けた支援体制を組んだり、時には「解決のための組織」を構築したりしています。「一人で悩まずよく相談に来た」「自分の考えもしっかりもち、解決に向かおうとしていることがすばらしい」等の称賛や、「その計画なら安心ですね」「○○先生なら、きっと成功しますよ」等の勇気づけも付け加えています。

○癒やし、成長、コミュニティ

一日のうちに、全教職員に声をかけるように心がけています。主に労をねぎらうこと、児童の様子、教職員の創意工夫や頑張りへの称賛の言葉を伝えています。声かけができなかった日には、退勤時に感謝の心を込めて「今日も一日ありがとうございました」と伝えています。

(4) オーセンティック・リーダーシップ（ビル・ジョージ）

リーダー個人の価値観や理論を重視するリーダーシップ・スタイルです。必要な資質として、信頼・尊敬、モチベーション、刺激、コーチングの4つがあげられています。以下がポイントとなります。

○目的理解：果たすべき目的を十分に理解している
○倫理観や価値観への忠実性：外部に影響されず、正しいと思える価値観に基づいて勇敢に行動する
○情熱的なリード：本音で語りかけ、全力で人をリードする
○リレーションシップの構築：活気があり支援し合えるコミュニティをつくる

○自己啓発：自らを律し、学び続ける姿勢をもつ

〈具体的な実践〉

○目的理解

学校が果たすべき目的は「学校教育目標」「めざす学校像の実現」「めざす児童像の実現」です。その実現のために、ウェルビーイングの理論を重視しています。

○倫理観や価値観への忠実性

新しい考えを取り入れるのは、とても勇気が必要です。ウェルビーイングの考え方も、軽々とノリやはずみで取り入れたのではありません。そして今も、迷う時がまったくないわけではありません。勇敢に行動できたらと思います。一方で、謙虚さも大切にしていきます。

○情熱的なリード

教職員に対し、本音で語りかけています。そして私にできることは全力で行います。

○リレーションシップの構築

SPIREのRの実践です。私は、人と人をつなぐことが大好きです。校内でもつながりがつくれるよう対話を大切にしたり、「見合おう活動」を行ったり、「校長室だより」で

「仲間の仕事を知ろう！」というタイトルでそれぞれの仕事を紹介したりしています。

○自己啓発

まさに、ウェルビーイングの学びを続けています。現在2つのオンライン大学・サロンで学んだり、級友と学びを深めたり、本を読んだりしています。さらに、プライベートではFacebookグループ「✿Well-being Education」で、日本各地の方々とつながり、ウェルビーイングの学びを深めたり、広めたりしています。

(5) ファシリーダーシップ（広江朋紀）

メンバーを支援し、一人ひとりの意志やアイデアを引き出し、チーム全体の価値に変換していく、ファシリテーター型スタイルのリーダーシップです。組織開発コンサルタントであり、ファシリテーターでもある広江氏は、ファシリーダーシップのポイントとして以下の6つの機能をあげています。

①耳：聴く（メンバーに力を与え、相互作用を生み出すために、話す前に聴く）

②目：観る（さまざまな次元、角度、距離感で観ることで、行き詰まりを突破する）

③口：問う／語る（問いかけ、ストーリーを語り理屈を超え感情を揺さぶる）
④手：手と手をつなぐ（境界線を越えたつながりの土壌を耕し組織を進化させる）
⑤足：踏み込む（踏み込んだフィードバックで、本音が行き交う組織を作る）
⑥頭：考える（過去の成功体験を健全に疑い、今ここに立ち止まり、考え抜く）
（広江朋紀『なぜ、あのリーダーはチームを本気にさせるのか？』同文館出版、2018年）

このリーダーシップ論に出合った時、総じて私のスタイルはこれにあたるのではないかと感じました。サーバントでもあり、さらにそれを詳しくわかりやすく説いたものだと思います。

これらは、現在急速に変化する社会で、組織内外がかつてないほど大きく変貌しているなか、変化のみを強要するのではなく、一人ひとりを大切にし、変化への対応を柔軟に行う「アイテム」をもつリーダーシップ・スタイルを体系化したものです。

私は、「実践心理学」や「徳の心」「マインドフルネス」など、ウェルビーイングの考えに必要な要素も具体的に盛り込んでいるこのリーダーシップ論が、とても新しい感覚で、これから必要なものとなっていくのではないかと感じています。

どのリーダーシップ論も納得するものがあり、自分自身の実践で考えてみると、あてはまる部分があります。その時の状況により使い分け、効果的にマネジメントしていく力が必要です。

大切なのは、多くあるリーダーシップ論から、自分の個性や組織の目標、メンバーの特徴や強み、組織の状況に合うものを選ぶということです。そして、めざす学校像、めざす児童像など、組織の未来像を描くことです。

今のチームをよりよくするためにも、めざす姿を実現するためにも、リーダーシップ論の理解と適切な選択はとても大切です。変化が激しく、予測不能な困難が多い時代（VUCAの時代）だからこそ、**リーダーシップ・スタイルも柔軟に使い分けていく必要**があり、そのことを**ウェルビーイング・リーダーシップ**と考えていくとよいと思います。

私もまだまだ修行の身です。精進していきます。

2章

Spiritual Well-being
——精神性を高める

✤✤✤✤

S1　自然と触れ合う環境づくり

✤✤✤✤

Spiritual《精神的》 Well-being 第1法則は、「自然と触れ合う環境づくり」です。自然は偉大です。自然の心地よさ、季節の移り変わり。生命の躍動・神秘、そして時には生命のぶつかりが生み出す残酷な現実。これらすべてを味わうことで、大人も子どももも豊かな感受性と情操を育むことができます。

(1) 自然の整備――立入禁止の森を「遊べる森」に変えるまで・日々の手入れ

私が着任した令和2年4月の平方北小学校の森は、**写真2－1**のような状態でした（私はこの状態を写真

■写真2－1　着任当時の「立入禁止」の森（イメージ）

に残すことがしのびなかったため、これは実際の森の写真との合成イラストです）。木や草が生い茂り、「立入禁止」を意味するトラ模様のロープが張られ、子どもたちは立ち入ることができませんでした。

「立入禁止」の理由は、当初はフクロウが住めるように森を静かな場所にするためだったそうですが、野生のフクロウは数年経ってもやって来ず、森は手つかずの状態でした。自然環境を守ることの大切さと、子どもたちの学びとなる学校環境としてどうあるべきかを考えました。先人の方々の思いも引き継ぎたいという気持ちとの葛藤でした。

また、**写真2－2**は赴任当時の中庭のイメージです。以前は子どもたちが元気に遊ぶ声が響いていたそうですが、この時は小さな子どもたちの腰丈まで草が生い茂っていました。

私は着任早々、森と中庭を見て、とても悲しい気持ちになりました。これだけすばらしい自然に囲まれているのに、整備されていないゆえに子どもたちが触れ、味わ

■写真２－２　着任当時の中庭（イメージ）

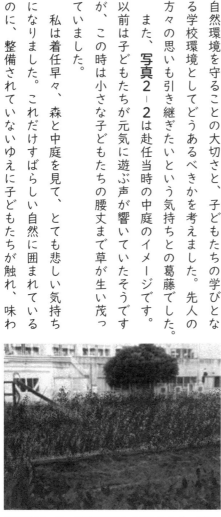

うことができていない。夏には蚊やハチ等の害虫が多く発生すると知らされました。「このままでよいのだろうか。どうすることが子どもたちのためになるのだろうか」と考え、子どもたちの安全が第一優先だということ、そしてこの森を子どもたちの情操教育に生かさないわけにはいかないと考えました。

✿ はたらく人の幸せ・不幸せ診断

また、令和2年度に異動して間もなく、職場の状況を素早く広い目でキャッチするため、「はたらく人の幸せの7因子・不幸せの7因子」（慶應義塾大学前野隆司研究室とパーソル総合研究所による「はたらく人の幸福学プロジェクト」、**図表2−1**）に当てはめ、現状把握をしてみました。

幸せ因子の多くは人との関わり、仕事への意欲に寄与しています。このことは、ウェルビーイングの考え方を取り入れることで大きく改善を図ることができます。

そしてここで注目したのが、不幸せ診断の中の「不快空間因子」（環境イヤイヤ因子）の改善も、幸せな環境づくりに重要だということです。本校の「不快空間因子」は、長い間手が入っていなかった自然でした。敷地内には森やビオトープ等の自然がありますが、

はたらく人の幸せ診断（短縮版：21項目）		
因子名称（通称）	概念定義	下位尺度項目
自己成長因子 （新たな学び因子）	仕事を通じて、未知な事象に対峙して新たな学びを得たり能力の高まりを期待することができている状態	私は、仕事を通じてやりたかった事を実現できそうだと思う
		私は、仕事で好奇心がくすぐられることがある
		私は、仕事を通じて知識・スキルの面での成長を感じる
リフレッシュ因子 （ほっとひと息因子）	仕事を一時的に離れて精神的・身体的にも英気を養うことができていたり、私生活が安定している状態	私は、仕事の身体的な消耗から回復することができている
		私は、仕事の精神的な消耗から回復することができている
		私は、プライベートなことに気を揉むことなく仕事ができている
チームワーク因子 （ともに歩む因子）	仕事の目的を共有し、相互に励まし、助け合える仲間とのつながりを感じることができている状態	私には、相互に励まし、助け合える仕事仲間がいる
		私は、仕事仲間との一体感を感じている
		私は、仕事仲間と目的を共有している
役割認識因子 （自分ゴト因子）	自分の仕事にポジティブな意味を見いだしており、自分なりの役割を能動的に担えている実感が得られている状態	私は、責任感を持って仕事をしている
		私は、職場で自分なりの役割を担っている
		私は、主体的に仕事に取り組めている
他者承認因子 （見てもらえてる因子）	自分や自分の仕事は周りから関心を持たれ、好ましい評価を受けていると思えている状態	私は、仕事で同僚から高い評価やよい評判を得ている
		私は、仕事で上司から高い評価やよい評判を得ている
		私の仕事は、周囲から関心を持たれている
他者貢献因子 （誰かのため因子）	仕事を通じて関わる他者や社会にとって、良い影響を与え、役に立てていると思えている状態	私は、仕事で関わる他者の成長を感じることができる
		私は、仕事を通じて、他者を喜ばせている
		私は、仕事を通じて、社会へ貢献している実感がある
自己裁量因子 （マイペース因子）	仕事で自分の考えや意見を述べることができ、自分の意志やペースで計画・遂行する事ができている状態	私は、仕事を自分の裁量で進められている
		私は、仕事の計画を自分で立てて進めることができる
		私は、仕事で自分自身の考えや意見を表現できている

はたらく人の不幸せ診断（短縮版：21項目）		
因子名称（通称）	概念定義	下位尺度項目
自己抑圧因子 （自分なんて因子）	仕事での能力不足を感じ、自信がなく停滞している。また、自分の強みを活かす事を抑制されていると感じている状態	私は、仕事で成果を出す自信がない
		私は、仕事をどのように習熟していいのかわからない
		私は、自分の強みを仕事に活かせていない
理不尽因子 （ハラスメント因子）	仕事で他者から理不尽な要求をされたり、一方的に仕事を押し付けられたりする。また、そのような仲間の姿をよく見聞きする状態	私は、上位者から理不尽な要求をされることがある
		私は、職場で他者への暴言や叱責をよく耳にする
		私は、上司や同僚から一方的に仕事を押しつけられる
不快空間因子 （環境イヤイヤ因子）	職場環境において、視覚や嗅覚など体感的に不快を感じている状態	私の職場は、汚れていて不衛生だと感じる
		私の職場は、嫌なにおいがする
		私の職場は、無機質で冷たい感じがする
オーバーワーク因子 （ヘトヘト因子）	私的な時間を断念せざるを得ない程に仕事に追われ、精神的・身体的に過度なストレスを受けている状態	私は、仕事で時間に追い立てられていると感じる
		私は、仕事のために私的な時間を断念することが多い
		私は、仕事で他者から追い立てられていると感じる
協働不全因子 （職場バラバラ因子）	職場内でメンバー同士が非協力的であったり、自分の足を引っ張られていると感じている状態	私の職場のメンバーは、協力し合って仕事を進めようとしない
		私の職場では、特定の人の意見が押し通される
		私は、職場のメンバーに足を引っ張られているように感じる
疎外感因子 （ひとりぼっち因子）	同僚や上司とのコミュニケーションにおいてすれ違いを感じ、職場での孤立を感じている状態	私は、職場に気の合う仲間がいない
		私は、同僚と意思疎通できていないと感じる
		私は、上司と意思疎通できていないと感じる
評価不満因子 （報われない因子）	自分の努力は正当に評価されない、努力に見合わないと感じている状態	現在の収入は、私の努力に見合っていないと思う
		私は、自分の努力が正当に評価されていないと感じる
		私の仕事での努力は、報われないと思う

出典：パーソル総合研究所＋慶応前野隆司研究室
https://rc.persol-group.co.jp/thinktank/spe/well-being/

図表2－1　はたらく人の幸せ診断・不幸せ診断

着任当初、中庭まで雑草に覆われた状態で、教職員も「仕方ない。手入れは無理」と諦めていました。Spiritual Well-being のためにも、働く職場の環境改善としても、この自然を何とか安心・安全な環境へ整備しなくてはいけないと強く思い、動きました。

✤一人での取り組みから、地域・保護者・子どもたち皆での草取り運動へ

私は令和2年の5月下旬、学校が休校になった時間を活用し、刈払機を使って、中庭と森周辺の除草を始めました。当初は私一人で始めた取り組みでしたが、すぐに学校応援団のIさんが手伝ってくれるようになりました。しかもとてもありがたいことに、朝6時半から子どもたちが登校してくるまでの間の時間に、毎朝除草をしてくれていました。感謝しかありません。

※学校応援団とは、環境整備、校外学習の見守り、ミシン学習のお手伝い等で学校を応援してくださっている方々のこと

さらに、PTAの一人一活動（保護者が1年に1回、何らかの活動をしようという取り組み）で平日に保護者の方々が草取りをしてくれました。そしてそれを見ていた6年生の児童たちが「自分たちの学校をきれいにしよう！」と自主的に草取りを行い、放課後には、

コロナ禍で友だちと集まって遊べないなか、高学年の子どもたちもちらほらと草取りをしてくれるようになりました。

令和3年11月には、「6年生の陸上競技大会の練習のため、草取りなどの校庭整備が必要なのですが……」と学校の課題をPTA会長に投げかけたところ、保護者や地域の方々に声をかけていただき、除草作業をしようということになりました。急であった呼びかけにもかかわらず、なんと70名超の保護者・児童が集まって皆で草取りができました。人とのつながり、笑顔のつながり、信頼

校庭や敷地内をきれいにしようという活動がどんどん広がりました！
休日、ボランティアで草取りをしてくれている親子
PTA活動として、草取りをしてくれた親子
休み時間、自主的に草取りをしてくれた6年生
放課後、草取りをしにきてくれた高学年児童
PTAの呼びかけで、土曜日にもかかわらず70人以上の方々が草取りに参加してくれました（地域・保護者・児童・スポーツ少年団の方々）
165人に！

図表2－2　草取り運動の展開

関係のつながりを感じ、とても幸せな草取り作業となりました（**図表2－2**）。
さらに令和4年度にはこの活動が広がり、地域の方も多く参加し、165名を超える方々が集まりました。保護者・地域の方々にウェルビーイングの波が広がっていることを感じ、とても嬉しく思いました。

こういった素敵な活動の広がりを、私は教育委員会や学校運営協議会に「このようにみんなで頑張っていますが、まだまだ作業が大変です！」と伝え続けてきました。その結果、とてもありがたいことに、令和3年3月に自走式芝刈り機を購入することができました。大型の草刈り機です（**写真2－3**）。

この効果は絶大で、私が刈払機で5日間かけて行っていた森や敷地内の除草が、5時間でできるようになり、Physical《心身的》 Well-being の業務改善にも大きな効果がありました。皆で整備、手入れを行った成果が**写真2－4**です。

令和4年10月現在も学校応援団の方や用務員さんをはじめとして、皆で森と中庭の整備を続けています。

■写真2－3　草刈り機で除草もサクサク！

■写真2－4　整備後の中庭と森

(2) 自然を体験し、味わう

✽ 中庭

中庭が安全な場所に変わったことで、低学年の子どもたちが安全に遊べるようになり、休み時間に元気に駆け回る姿を目にできるようになりました。また虫取りを楽しむ児童も増えました。

築山《つきやま》周辺も、以前は草が生い茂り子どもが入り込めない状態となっていましたが、整備して入れる状態にし、現在では鬼ごっこを楽しむ児童が増え、体力づくりの場にもなっています（**写真2－5**）。

■写真2－5　中庭・築山での活動

✤ 野鳥の森

平方北小学校の森は「野鳥の森」という名前がついています（**写真2－6**）。この名前のとおり、森では澄んだ空気を感じるとともに、多くの鳥の鳴き声を聞くことができます。そして、四季折々の木々の彩りを感じることができます。

春：新しい命の息吹を感じる（芽吹き／新緑／春の空気／花）
夏：生命の力強さを感じる（昆虫探し／森の空気／木陰の涼しさ／木々・花々の成長）
秋：季節の移り変わりを楽しむ（虫の音／木の実／紅葉／収穫）

冬：静かな空気を感じる（落ち葉の音／木々の春への準備／冷たい空気）

■写真2－6　野鳥の森

1年生の子どもたちに森を解放した時、第一声が「先生、虫がいる！」「先生、土が柔らかいです！」でした。私はとても驚きました。「子どもたちは、森に虫がいること、自然の土が柔らかいということにこれまで気づいていなかったのか」――。その後も、子どもたちは日々私に新たな発見と気づきを与えてくれます。

1、2年生の担任の教員に「子どもを森に連れて行って、30秒でいいので大きく深呼吸させてみて」と伝えたところ、1年生の担任の教師がとても感動して森から戻ってきました。「10分ぐらい連れて行っただけなのですが、子どもたちが大きく変わりました！　教室では見せない表情でした！」と驚きと感動が入り混じった表情をしていました。

✽ 森でアート

時には図工の授業で、木の枝などを使って森の中にアート作品を作り出しています（**写真2－7**）。展示するのではなく、森そのものを利用して、とてもダイナミックなアート作品としています。これらの作品を作っている時、子どもたちはどれだけワクワクしていたことでしょう。

令和4年度には、森の活用を年間指導計画に盛り込み、全学年で実施しています。

(3) 実りを味わう

✽ 中庭での野菜栽培

中庭を整地したことで、特

■写真2－7　子どもたちのアート作品

別支援学級の畑を拡大することができました。子どもたちが作りたい野菜を育て、収穫の喜びを感じるとともに、時々給食に出して皆で味わっています（**写真2－8**）。

❀ 学校での実りを味わう

特別支援学級の子どもたちが西門の近くにある柿をとってきてくれたことがありました。食べられるかをしっかり確認したうえで、みんなで食べました。また、同じようにザクロも皆でおいしくいただきました（**写真2－9**）。さらに、大きな大根がとれた時には、切り干し大根を作っていました。本校ならではの経験です。

■写真2－8　中庭での野菜栽培

■写真2－9　実りを味わう

⑷　自然を保護する

✿絶滅危惧種の保護とビオトープの維持

埼玉県環境アドバイザー・本校学校応援団（自然環境整備・保全）で、自然保護のスペシャリストである荒木さんが、毎年、本校の自然保護を指導してくれています（**写真2－10**）。新型コロナウイルスが流行する前は、毎年自然環境や絶滅危惧種の昆虫などについて、子どもたちにレクチャーしてくださっていました（令和4年度は復活しました）。そして、それがわが校にあるビオトープの維持や絶滅危惧種の昆虫たちの保護につながっています。

朝、キジが時々校庭の隅を歩くようになったり、ビオトープでは多くの生き物が生息したりするようになりました。水辺の生き物を観察し、楽しむ児童がいます。

そして、下草刈りをしたことがよかったのか、驚くことに敷地内に絶滅危惧種のキンランが生息するようになりました！（**写真2－11**）

■写真2－10　自然保護の指導

また、日本生態系協会の方々と連携をとり、荒川流域の古来の植物の種をいただいています。これは、荒川流域の古来種が外来種に侵略されており、古来種を学校の中庭の片隅で育てて守ってほしい、この経験を子どもたちにしてほしい、という思いによるものです。この種を育て、荒川流域の日本古来の自然種、その保全を本校で行っています。種が育ち、実が実り、実が種を宿したらその種を協会にお返しする、この循環もとても大切だと感じています。

■写真2－11　絶滅危惧種のキンランが校庭に！

S2

強みと意義

Spiritual《精神的》 Well-being 第2法則は「強みと意義」です。私たちは誰しも強みをもっています。私たちは弱点の克服にフォーカスしがちですが、主に強みを伸ばすこと、相互の強みを活かし合うことのほうがより生産的な組織をつくりあげます。また、強みと意義が共存するポイントでこそ、人はパフォーマンスを十分に発揮することができます。

個々の強みを探し、意義を見出していくこと。各自の強みと意義が交差するポイントを業務として割り当てることに腐心し、組織としてのパフォーマンスを高め、かつ個々人の自己有用感・自己肯定感も高めていくこと。それらが学校運営には重要です。

(1) 学校自己評価をもとに、来年度の重点課題を教職員全員が自らとらえ、目標を立てる

全教職員が、自分たちが行ってきた教育活動を振り返り、課題をつかみ、課題解決に向けた具体的な取り組みを主体的に考えることで、「自分たちがつくる学校」という意識を高めることができます。

詳しくは、WIの「(3) 学校教育目標・学校経営方針・重点課題の策定方法の変更」（52頁）をご参照ください。

(2) 重点課題と校務分掌をリンクさせ全員が参画できる場づくりをする

図表2－2、3は、重点課題と校

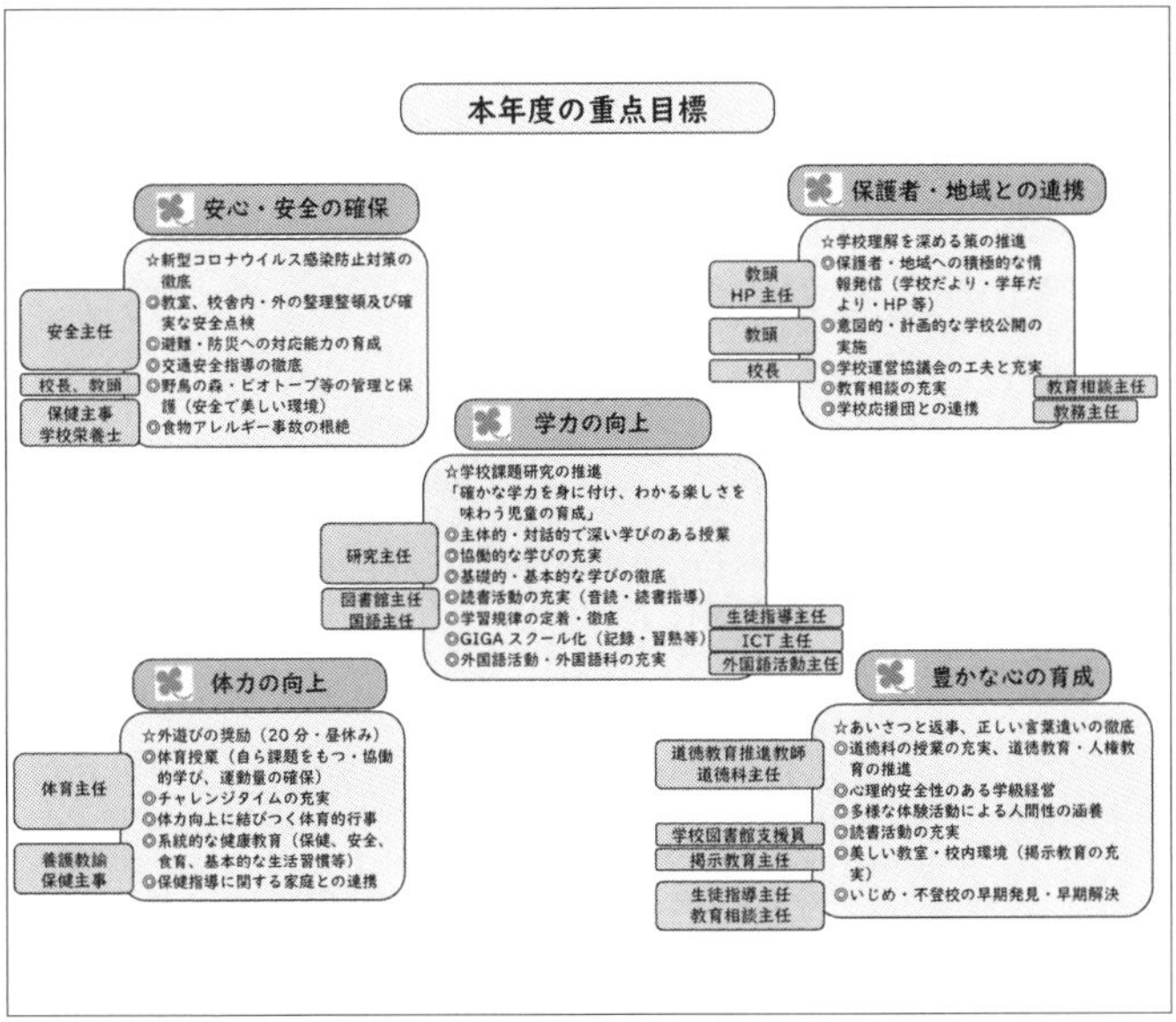

図表2－2　令和3年度の重点目標

図表２－３　令和３年度　教科・領域等部会仕事内容

No.	教科・領域	主な仕事内容
1	国語	国語科にかかる備品管理・授業力向上に向けての情報収集及び周知
2	書写	書写指導の推進、競書会企画、書きぞめ展・硬筆展のとりまとめ
3	社会	社会科にかかる備品管理・授業力向上に向けての情報収集及び周知、校外学習位置づけ
4	算数	算数科にかかる備品管理・授業力向上に向けての情報収集及び周知
5	体育	体育科にかかる備品管理・授業力向上に向けての情報収集及び周知、運動会計画準備実施、陸上体育大会にかかる企画準備実施、水泳指導
6	理科	理科にかかる備品管理・授業力向上に向けての情報収集及び周知、科学展への対応
7	生活	生活科にかかる備品管理・授業力向上に向けての情報収集及び周知
8	音楽	音楽科にかかる備品管理・授業力向上に向けての情報収集及び周知、市内音楽会への対応、校内音楽公開授業への対応
9	図画工作	図画工作科にかかる備品管理・授業力向上に向けての情報収集及び周知、各種美術展への出品の取りまとめ
10	家庭	家庭科にかかる備品管理・授業力向上に向けての情報収集及び周知、発明創意工夫展への対応
11	外国語活動	英語活動・外国語活動・外国語科にかかる備品管理・授業力向上に向けての情報収集及び周知、ALT活用計画、ALTとの打合わせ
12	国際理解教育	各教科等と連携し国際理解教育の推進を図る
13	道徳教育・道徳科	道徳教育・道徳科にかかる備品管理・授業力向上に向けての情報収集及び周知、別葉作成
14	総合的な学習の時間	総合的な学習の時間にかかる備品管理・授業力向上に向けての情報収集及び周知
15	環境教育・SDGs	環境教育にかかる備品管理、情報収集及び周知、生態系協会との連携、野鳥の広場・ビオトープ活用推進
16	キャリア教育	キャリア教育にかかる備品管理、情報収集及び周知、キャリアパスポート実施
17	ボランティア・福祉教育	ボランティア・福祉教育にかかる備品管理、情報収集及び周知、各種募金活動対応
18	特別活動	特別活動にかかる備品管理、授業力向上に向けての情報収集及び周知、児童会活動計画実施及び児童会指導、クラブ・委員会計画
19	学校保健	保健だより発行、健診計画作成実施、心肺蘇生研修（AED）研修企画実施
20	学校課題研究・研修	学校課題研究の推進、研修計画立案・実施・まとめ、各部組織の取りまとめ、研究発表会実施、他校研究発表会のとりまとめ
21	ICT	一人一台端末の活用推進を図る、情報モラル・スキル指導計画作成、ICT研修企画進行
22	生徒指導	いじめ・不登校防止及び対応にかかる取組、子供生活アンケートの実施・とりまとめ
23	教育相談	校内教育相談体制の構築、教育相談日の対応、いじめ・不登校等への相談対応、SC・相談員との連携、必要に応じて保護者対応、ケース会議企画進行
24	特別支援教育	特別支校教育にかかる備品管理、授業力向上に向けての情報収集及び周知

No.	教科・領域	主な仕事内容
25	学校図書館教育	学校図書館教育の推進、情報収集及び周知、学校図書館支援員さんとの連携、読書感想文コンクール対応、図書館活用の企画、読み聞かせ会の計画実施
26	情報教育	パソコン室管理、放送機器管理、情報機器の現有数確認・管理
27	人権教育・男女平等教育	人権教育・男女平等教育の推進、情報収集及び周知、校内研修会企画実施
28	掲示教育	校内の掲示環境の整備、掲示教育の推進
29	学校安全	学校の安全に関すること（避難訓練・一斉下校・安全点検）の計画・準備・実施、消防・警察との連携
30	給食・学校における食育	給食指導、全校で統一した給食指導の実施
31	清掃指導・校内美化	全校で共通理解した清掃指導の実施（計画・周知）、校内の美化を図る、清掃用具の現有数確認・購入
32	学校ファーム担当	学校ファームの活用計画を作成する
33	幼保小中連携担当	幼稚園・保育園・小学校の連携を図るための活動の中心となる、新入学児童の情報収集・窓口・とりまとめ
34	HP担当	HP作成の推進及び支援、進捗状況の確認と声かけ、HPの改善と見届け
35	学校応援団	学校応援団募集、名簿作成、連絡等を行う
36	道徳教育推進教師	校内における道徳教育を推進する、保護者・地域との道徳教育の連携を図る、校内研修の企画実施
37	特別支援教育コーディネーター	校内の特別な支援が必要な児童にかかる相談窓口となる、ケース会議実施、他機関との連携も図る、校内就学支援委員会企画実施
38	児童虐待対応キーパーソン	校内の児童虐待事案に対応するキーパーソンとなる、ケース会議実施、他機関との連携も図る、要対協・児童相談所・警察との連携

務分掌のリンク、言い換えると校務分掌を担当する主任の教職員の働きで、どの重点課題が解決できるのかをまとめたものです（何も書いていない項目は、教職員全員に割り当てています。また、どの項目も教職員全員が一定の責任を負いますが、ここでは最も責任をもつ主任のみを掲載しています）。

本書執筆を応援してくださった秋吉藤吾さん（『欲望ダイエット——心のデトックス』筆者）が、「ここまで全員を輝かせようと心から考えている管理職は見たことがない。すごい！」と感想を伝えてくれました。

私はそのフィードバックに逆にびっくりしましたが、とても嬉しくもありました。

(3) 校長室だよりで教職員の強みを紹介する

私は毎日各クラスを訪問し、教職員の強み探しをしています。どの先生も強みをもっていて、それが発揮されている時はとても強い輝きを放っています。私はその輝きを、校長室だより（90頁参照）で発信しています。

(4) 自己評価シートを効果的に活用する

自己評価シートには、校長としての職掌と学校の重点課題解決に向けての目標と対策を記載します。教職員にも自身が担当している重点目標を網羅してもらうために、校長の目標と連鎖した自己評価シートを書いてもらっています。そうすることで、チームとして同じ目標をめざせるようにしています。

自己評価シート提出後、教職員と個別に面談を行い、重点課題の網羅性、目標の的確さなどを確認します。方策に関してはできるだけ具体的であることを確認したうえで、必ず皆さんのゴール達成に対し「期待しています」「楽しみにしています」と想いを伝えています。

自己評価シートの承認が完了したら、あとは日々の教室訪問、適宜のフィードバックや声かけがすべてになります。進捗しているか、工夫した取り組みが見られるか、少しでもアクションが見えれば称賛し、動きが全く見えなければアクションを喚起する声かけをする。そして、半期の校長自己評価シートの進捗報告の際に、教職員の活動状況についても個人での確認を必ず行うことと、必要に応じて私からのフィードバックを行っています。

令和３年度
上尾市立平方北小学校

校長室だより

6月23日（水）
第１７号

「見合おう、学び合おう期間」６月２８日～

本校の先生方の指導力は、とても高く、教室を訪ねた時、校外学習に出かけた時、いつでもその素晴らしさを感じています。そして同時に、この素晴らしい指導について他の先生方と共有できたら、相乗効果でさらに素晴らしいアイディアや発想が生まれるだろうと感じています。

この度、みなさんにご説明をしながら、お互いの普段どおりの授業（指導方法等）を見合う機会をつくることができ、嬉しく思います。「他の先生の授業が見せていただきたいです。」「気軽にお互いに見合えるといいですよね。」という、前向きなお声もうかがえて、嬉しく、そして、さすが平北の先生方だなあと誇らしく思っています。**普段仕様で、負担無く、実行**できたら素晴らしいと思います。

【他クラスを見る時のポイント】

１　研修等で決めた校内共通の内容を他のクラスではどのように実施しているのか。（自己の指導の再確認）

①授業開始・おわりのあいさつの仕方
②話形の実施の取り組み（～です　～ます。　返事「はい」）
③ＵＤ化を考えた板書付近の掲示等
④教室内（学年室）環境の整え方
⑤タブレットの使い方

この辺りについては、ぶれが大きい場合には、みんなで軌道修正していくことも大切です

２　他の先生方の素晴らしい指導から学ぶ

各先生方の素晴らしい指導について僭越ですが、ご紹介させていただきます。お一人お一人、もっともっと素晴らしい指導力をお持ちですが、今回は１～２つずつのご紹介とさせていただきます。

１－１	○○先生	英語活動（Classroom English の活用）　授業規律の徹底
２－１	○○先生	丁寧な分かりやすい板書とノート指導　読書活動の推進
３－１	○○先生	タブレットを活用した体育授業　タブレットの日常使いの工夫
４－１	○○先生	言葉を大切にした各教科指導　一人一人を大切にした、子供の目が輝く授業
５－１	○○先生	子供たちに主体性をもたせるように導く学級活動の指導
６－１	○○先生	話合い活動・タブレット活用等で主体性を伸ばす授業　先生の的確な指示
ひ１	○○先生	一人一人への分かりやすい指示と、あえて考えさせる関わり方
ひ２	○○先生	子供に気付かせる問い（一日の生活をとおして常に）　教材教具の工夫
担外	○○先生	綿密に準備された授業（教材研究・準備・板書等）　ICT の効果的活用
担外	○○先生	ICT を活用した音楽授業　感染防止をしながらの充実した音楽活動
担外	○○先生	心を落ちつかせて取り組ませる書写指導　分かりやすい板書（算数）

本校の研究課題の基礎となる、国語力に関する視点からも、各学年の子供たちの様子を見ると、例えば一つ上の学年の学習内容やその様子を見ると、自分のクラスの児童を一年間でどこまで伸ばしていけばよいのか、また一つ下の学年を見ると、昨年度までの積み上げをどのように活かしていったらよいか、見えるものがあると思います。また、**参観後は、感謝の気持ちや感想をお伝えできるとよいと思います。**

3章

Physical Well-being
——心身ともに健康である

P1

運動・睡眠・栄養をしっかりと

Physical《心身的》 Well-being 第1法則は「運動・睡眠・栄養をしっかりと」です。「病は気から」と言いますが、心と体はつながっていて、相互に影響を及ぼします。不安やストレス、精神面に不調を抱えると体調が悪くなりがちですし、睡眠不足や痛みを抱えていると気分が悪くなったり感情が沈みがちになったりします。これではよい教育はできません。

心を整えるために、まず体を整える。体を整えるには、栄養をしっかり取り、よく眠り、適宜運動をする。私たちは余裕がなくなるとつい体の整備をおろそかにしてしまいます。児童・教職員、皆が体を整えることが学校生活を支える大事な柱となります。

(1) 計画年休取得の推進(計画年休取得キャンペーン)

教職の大きな課題のひとつが「平日に休みをとりづらい」という現状です。これは、教職員の強い責任感に基づくものです。「子どもたちのために授業に穴をあけたくない！」「他の教職員に迷惑をかけたくない」この強い気持ちはとても大切なものですが、それゆえに夏休み等の休業期間を除くと、教職員はなかなか年休を取得できない、しようとしないという状況に陥っています。令和３年度、私は校長室だよりを使って、計画年休取得希望日を募りました。

✿ 2、3学期中に全教職員が平日（稼業日）に1日以上の計画年休を取る

一般企業の管理職にとっては、とてもささやかな目標に見えるかもしれません。しかしながら、これさえも達成していないのが学校の現状であり、まず私は心理的に安全で、休みたい気持ちを素直に表現できる環境を醸成し、そのなかで助け合える、支え合える体制を構築していくよう努めています。この取り組みは、業務改善にもつながりますが、何より教職員のリフレッシュや、家族との時間の確保などに有効だと思います。

教職員からは、

「金曜日にお休みをもらって、遠方の実家の両親の様子を見に行くことができました」

「大学生の娘の下宿先を訪ねることができました」

「結婚記念日を初めてお祝いすることができました」

等、大きな意味をもつ時間にしてもらえたと感じられるフィードバックをもらいました。

私は、年休を活用して、就職して一人暮らしをしている娘に会いに行くことができました。

令和3年8月5日「校長室だより」より

〈2学期に実現したいこと〉

●計画年休の取得

「平日のんびりしたーい！」「家族の誕生日にサプライズの準備をしたーい！」「3連休ができたら、故郷に帰りたい！」「空いている時間に映画を観たい！」等のみんなの夢をかなえるために、**2・3学期中に、全職員に計画年休を1日以上とっていただきたいと考えています。**遠慮せずに、申し出ていただき、みんなでフォローし合って実現できたらと思います。

「計画年休を取りましょう。」と言われても、今までは「他の方へ迷惑をかけてしまうから。」等の理由で諦めてしまうこともあったと思います。**本校では、「心理的安全性」をべ**

ースに、お互いが日頃の感謝の気持ちと共助の気持ち「いつもありがとう。楽しんできて！　私の時はよろしくね！」で実現できると思います。

希望日を下の欄に記入し、提出ください。第1回〆切8月末日　その後は随時申し込み。

(2) 教職員の自主性を尊重する

令和3年度の時点ではあまり「PⅠ」の具体策に注力していませんでした。これは、まずP2：「業務改善『微差は大差』」（97頁参照）がとても大事であるということ。そして、業務改善の取り組みが、Physical《心身的》 Well-being に大きな影響を与えるため、優先順位として、まず業務改善を推進し、続いて「PⅠ」に着手しようと考えたからです。

また、栄養・睡眠・運動、これは個々人の考え方、志向によりアプローチが変わるものでもあります。そういう観点からも、「PⅠ」の対策は慎重に進めたいと考えていたためです。

特に強いアプローチはしなかったのですが、ウェルビーイングの考えであるSPIREのPを個々人がよく理解し、自分の生活の中で実践できることに取り組んでいることが、職員健康診断の結果からわかりました。

改善があった何人かの教職員に聞いてみると、

「夜の食事の量を控えるようにしました」

「6時間以上寝るようにしています」

「なるべく歩くようにしています」

等の回答があり、なかには通勤方法を自動車から自転車に変えた若手教員もいました。

令和4年度になると、有志で陸上部をつくり、朝、勤務開始前に校庭を走ったり、体力づくりをしたりしている教職員の姿があります。私自身も、毎朝のヨガの時間を増やしました。健康診断では視力が回復したり、血液検査の値がよくなったりしています。

P2 業務改善「微差は大差」——効率は丁寧さと柔軟性から

Physical《心身的》 Well-being 第2法則は「業務改善『微差は大差』——効率は丁寧さと柔軟性から」です。これは、「業務改善」を進めるための視点です。教職員は日々時間に追われています。教職員のゆとりの時間をつくることが、教育の質の向上、教職員・児童のウェルビーイングには非常に重要です。

ゆとりを少しでもつくり出すためには、小さな改善の積み重ねが必要です。もちろん、大きな改革も必要ですが、大きな改革を誰かに、どこかに期待しても、すぐに改善することは難しい状況にあるのが現実です。今、自分たちの手でできる業務改善を実行していくことが急務です。まさに、微差の積み重ねが大差を生み出します。時短は細に宿ります。

また、熟考に熟考を重ねた結果、大きな変化が肝要であると判断した際にはそれを断行したり、これまでの取り組みが効果的でないと確信したらそれを取りやめたりするといった柔軟性、大胆さも大切です。業務改善は、即効性があり、時間対効果が高い、少ない作業で大きな時短効果が見込めるものを取り入れるようにしています。ここでも、教職員の思いを大切にしていくことを忘れません。

(1) 紙面カエル会議の実施

紙面カエル会議とは、私が以前勤めていた町で、業務改善加速事業に取り組んでいた際に教わった「カエル会議」を応用したものです。教育委員会主催の業務改善研修で、株式会社ワーク・ライフバランス(代表取締役・小室淑恵氏)のレクチャー・指導のもと、各学校で「カエル会議」を開き、業務改善可能なポイントについて議論し実践しました。

本校で実施している紙面カエル会議は、会議といっても対面ミーティングではありません。ミーティングを増やすのは時短目的においては本末転倒になりうるので、「紙面カエル会議」共有フォルダを準備し、「〇月〇日に紙面カエル会議ですので、ご意見承ります!」とアナウンスして、教職員に意見を思いついた時に書いてもらっています。これはボトムアップ型の改革であり、ここでも教職員の主体性を引き出すことと、学校運営への参画意識を高めるという相乗効果が期待できます。

令和3年度、教職員から出された意見を教務主任が取りまとめ、校長・教頭・教務主任でミーティングを行い、内容の仕分けを行いました。令和4年度からは、教員に担当主任を任せ、より一層身近なところからの改善意見が出るようにしました。

項番	カテゴリ	No	取組内容	想定短縮時間
(2)	登校時刻変更	1	登校時刻を8：15にした	30分／毎日
(3)	動線短縮	2	職員室プリンタの移動、良好な導線の確保	30秒／1回
(3)	動線短縮	3	パソコン室のプリンタ1台を職員室に移動 レーザープリンタの活用で作業効率をアップ	5分／1回
(4)	精選（削減）	4	学年だより付き予定をカット （学校だよりと重複）	30分／1回
(4)	精選（削減）	5	職員室前面黒板掲示物の精選・新レイアウト 拡大年間行事計画（計画変更書き入れ）	5分／毎日
(4)	精選（削減）	6	先生方のお薦めの本の紹介を題名だけにした （昨年は内容まで3冊分）	3時間
(4)	精選（削減）	7	通知表検討委員会にて、通知表記入事項の精選	3時間／毎学期
(4)	精選（削減）	8	夏休み中の外部からの依頼の自由研究・コンクール等の紹介するものの精選 （提出に関する作業の時間短縮）	3時間 2学期はじめ
(4)	精選（削減）	9	校内研修の内容の精選と時間の有効活用の共通理解	1日 夏季休業中
(5)	オンライン化	10	修学旅行写真購入申込みオンライン化 （集金の必要なし）	1時間
(5)	オンライン化	11	学校評価にかかる保護者アンケートをグーグルフォームで実施（回収・集計時間短縮）	7時間
(5)	オンライン化	12	生徒指導・教育相談・特別支援委員会報告のファイルを、Excelで作成して一年通して使えるようにし、一覧性を高めた	3時間／毎月
(5)	オンライン化	13	林間学校写真購入申込みオンライン化 （集金の必要なし）	1時間
(5)	オンライン化	14	欠席連絡を電話からさくら配信メールに変更	5～20分／日
(6)	整理	15	事務室内棚の整理（探す時間の短縮）	30秒／1回
(6)	整理	16	放送室奥部屋、職員室後方棚整理 （探す時間の短縮）	全教職員
(7)	設備投資	17	玄関事務室前検温器（スタンド式）購入 （事務職員が測らなくてよくなった）	1分／1回
(7)	設備投資	18	大型草刈り機の購入・活用	5日間⇒3時間
-	その他	19	職集での発言希望者と必要時間を事前申告 （前黒板に記入）	延長時間なし
-	その他	20	教育支援プランA・B作成時間の確保	3時間
-	その他	21	修学旅行下見　平日実施 （フォローアップ体制を整える）	1日
-	その他	22	運動会練習　計画時数内で実施 （授業の延長として考える）	3～4時間
-	その他	23	運動会準備　時短（杭打ちなし、万国旗なし）	1時間
-	その他	24	運動会　午前中開催（開会式時間短縮等）	3時間
-	その他	25	平日計画年休キャンペーンの実施、予約を受け付けて実現	1日

図表3－1　紙面カエル会議で採用された改善案
（令和3年度上半期）

・採用（即効性のあるもの）
・要検討（登録した先生にヒアリングを実施）
・保留／却下

採用と決めたものについては、次回の職員集会で実行を宣言し、即時実行しています。令和3年度上半期は25の改善策を採用し、実行しました。その内容が**図表3－1**です（令和4年度は28の改善策案を実行しています）。

以下、各カテゴリごとの内容をご紹介します。

(2) 登校時刻の変更

教職員の出勤時刻は本来8時15分です。一方で児童の登校時刻は従来7時45分から8時の間であり、教職員はボランティアで7時頃に出勤し、45分までには子どもを迎え入れる準備ができている必要がありました。また、スクールゾーン開始時間は7時30分からである一方、遠方の子どもたちは7時15分頃には登校を開始しているため、安全面の問題もありました。

そして、登校時刻の8時から始業の8時25分までの間は、「朝運動活動」等の子どもたちが自主的に運動や遊びを行う時間を設定していましたが、この間の子どもたちの安全は確保されていませんでした。

　これらの状況を解決するためにも、また午前7時頃から勤務しなければならない状況である教職員の身体的負担の削減も学校教育全体のためにとても重要と考え、登校時刻を30分繰り下げ、8時15分から8時25分にすることを計画しました。

　しかしながら、実際にこれを実現するには高いハードルがありました。保護者が子どもたちの登校前に仕事に出てしまうと、今度は家庭側の安全の問題が発生してしまいます。そこへの配慮も必要でした。そのため、私は半年かけて、教職員、学校運営協議会と対話を重ね、学校だよりで10月号から6ヵ月間、保護者の方々へ「新しい朝の生活時間の調整」についてのお願いを続けました。そして、令和3年3月、新通学班での登校が始まるタイミングで8時15分登校に切り替えを行いました。

　令和4年10月現在、この変更に伴う問題は発生していません。また、この登校時刻の変更により、子どもたちの朝食摂取率が高くなったり、遅刻児童が減ったりしました。さらに、教職員の身体的状態は194頁に記載したとおり改善しています。出勤時刻変化がその第一要因ではないかもしれませんが、教職員の出勤を本来の出勤時間に近づけることができたのは大切なことだと考えています。

(3) 動線の短縮

長い間、校内のレイアウトが変わっていないということは、どの学校でもよくあると思います。非効率なレイアウトでも、机や大きな棚などを動かす時間と労力をかけるタイミングがなく、そのまま使用し、無駄な移動時間を費やしていることがあります。それが日常化してしまうと、そのことに気づかないかもしれません。

本校では、紙面カエル会議に出された改善案や、私が明らかに変えたほうがいいと感じるレイアウトについて、次のことに取り組みました。

○印刷室の印刷機の位置の移動・印刷機の隣に物が置ける台を設置（**図表3-2**）。

○カラープリンターを職員室へ。毎日のことだから、少しの時間の積み重ねが大きな違いとなる（**図表3-3**）。

○出勤簿、健康観察簿、勤怠管理システムを近くに置く（朝の動線を短くする）。

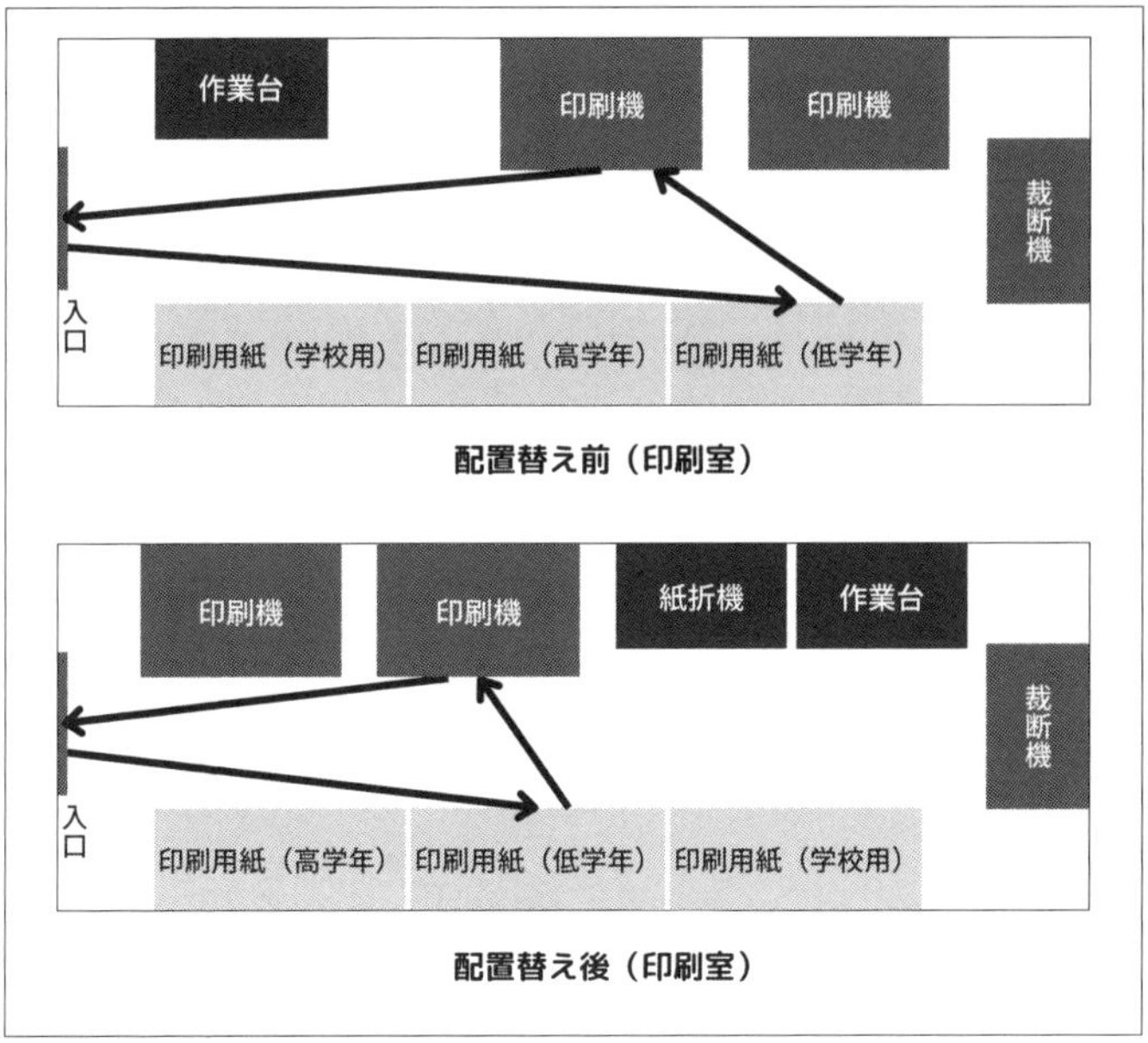

図表3－2　印刷室の配置替え

ほかにも、細かい動線について気づいたものは積極的に改善しています。

これらにより、教職員から次のようなフィードバックがありました。

○カラープリンターを使う時わざわざ3階に行かなくてもよくなったので、かなり時間の節約ができて助かります（カラープリンターを3階から職員室へ移動）

○ちょっとした距離でも短くなると、楽に感じます（印刷機の場所変更）

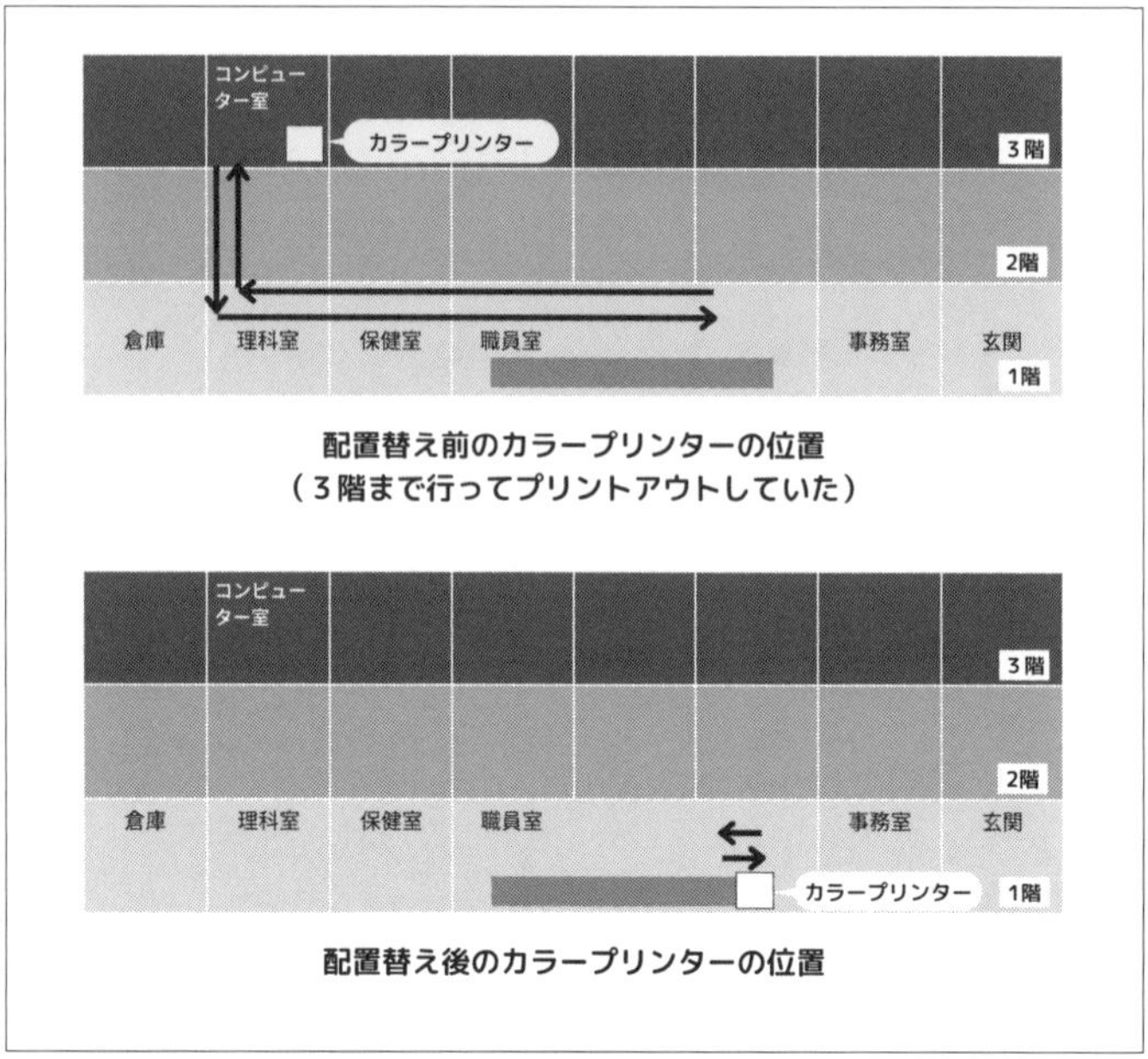
コンピューター室
カラープリンター
3階
2階
倉庫
理科室
保健室
職員室
事務室
玄関
1階
配置替え前のカラープリンターの位置
（3階まで行ってプリントアウトしていた）
コンピューター室
3階
2階
倉庫
理科室
保健室
職員室
事務室
玄関
カラープリンター
1階
配置替え後のカラープリンターの位置

図表3－3　カラープリンターの配置替え

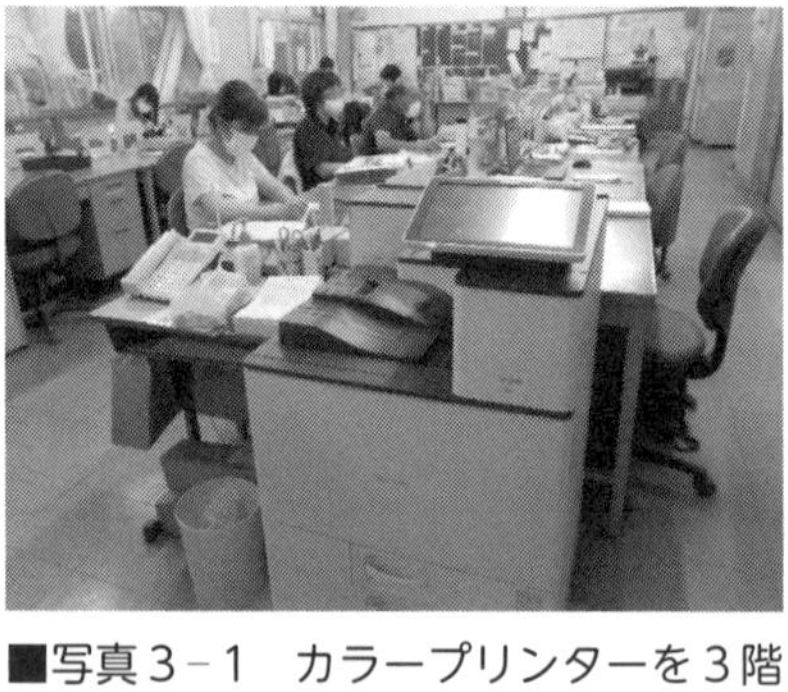

■写真3－1　カラープリンターを3階から職員室へ移動

○整頓されて何がどこにあるかひと目でわかると、早く仕事ができて、気持ちいいです（倉庫整頓、一目見てわかるように事務室内・備品管理棚の分類表示）

(4) 記載内容の精選による作業負荷軽減

書類やプリント類等への記載内容の精選は、主に3種類の方法があります。

①重複作業を排除する

例：「学年だより」に毎回添付されている予定表を削除しました。これは学校だよりから転載していたためです。また、黒板予定表をチョークで記入するのをやめて年間計画を貼り、変更点は赤で記入していくようにしました（**写真3－2**）。

②記載内容を減らす

例：「先生方のお薦め本紹介」コーナーを、従来の「3冊推薦＋本のあらすじ」から「3冊推薦」（題名のみ）に改めました。

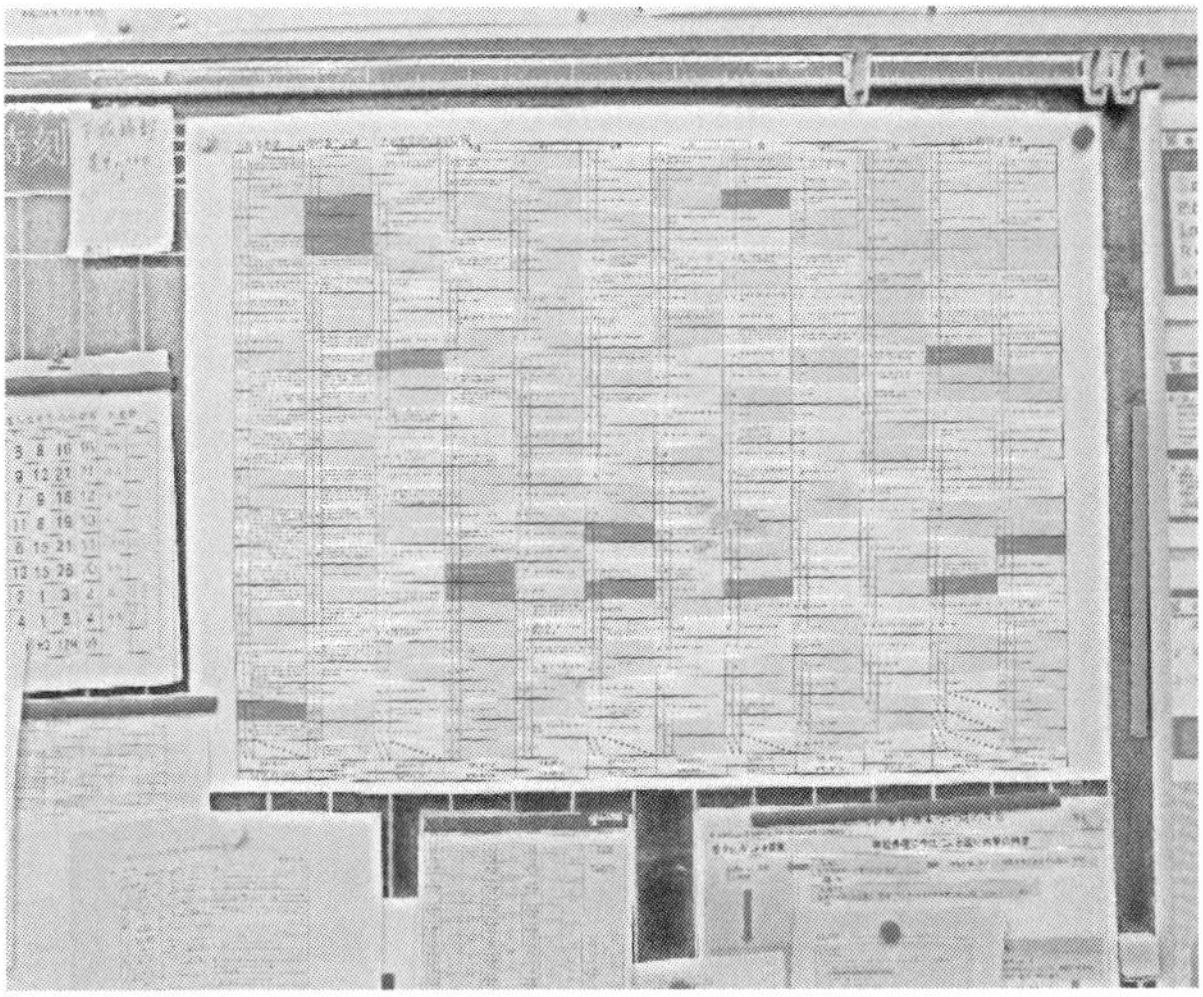

■写真3－2　黒板予定表をやめて年間計画を貼る

③記載するタイミングを分散させて、
全体の分量を減らす

例：通知表の記載内容を最適化しました。高学年を例にあげると、従来は、「総合所見」「外国語科」「特別の教科　道徳」「総合的な学習の時間」「特別活動」等評価を記載することになっていました。外国語科や道徳科が教科化されたことにより、その評価も表記型となり、書く分量はかなり多量となりました。

そこで、本校では学期ごとに記載内容を分散させることにしました（**写真3－3**）。たとえば道徳科では、日頃から書き溜めているノートやフ

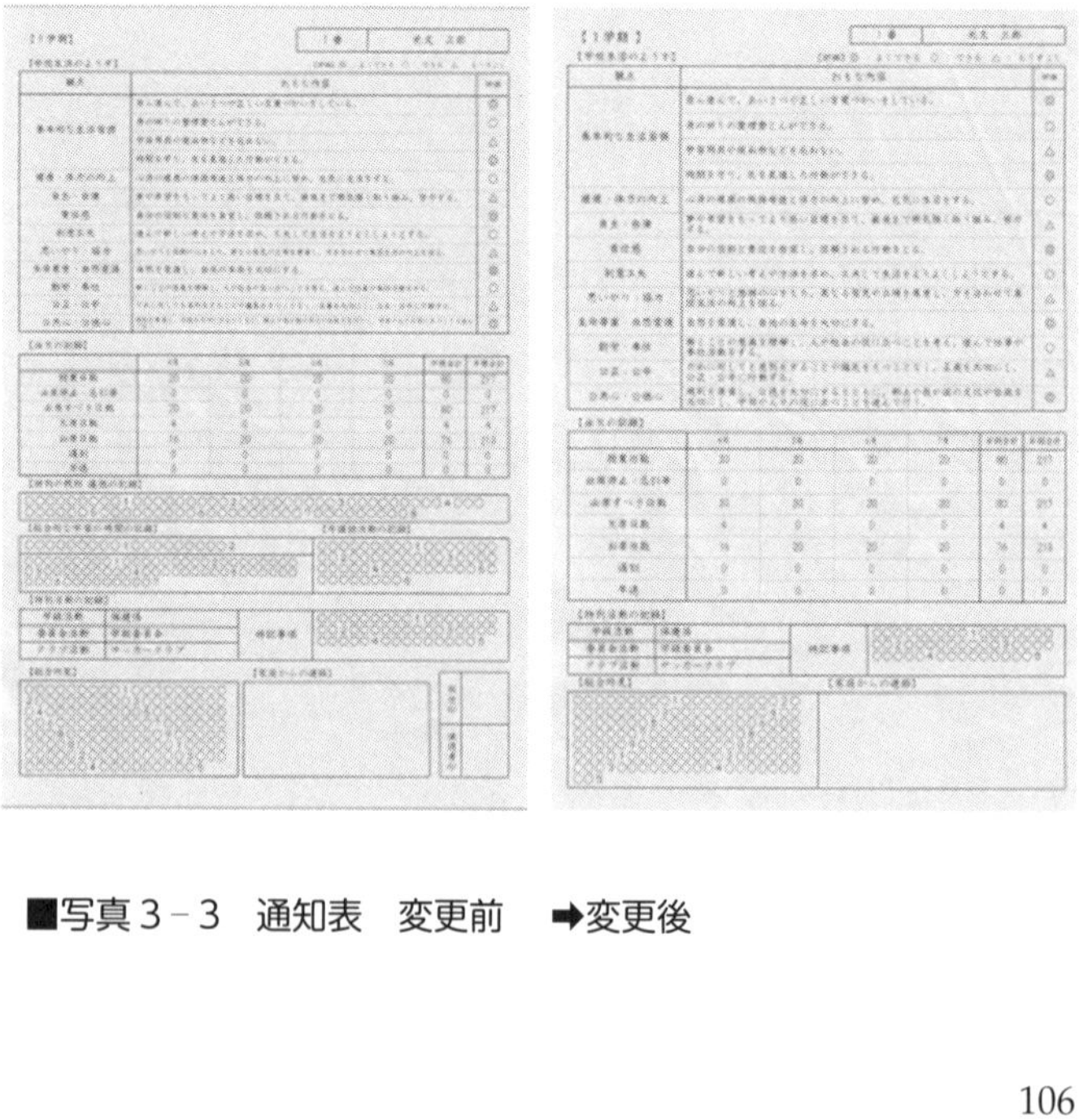

■写真３－３　通知表　変更前　➡変更後

ァイルを学期末に持ち帰り、保護者に確認してもらう方法に変え、評価の記載は2学期だけとしました。

このように細かな精選作業により、微差が大差を生んでいます。

(5) オンライン化による作業負荷軽減

保護者アンケート等のアンケートをオンライン化することにチャレンジしました。このことにより、アンケートの受け取りや、集計作業に要する時間は大きく削減されました。また、紙ベースの作業のオンライン化、定型フォーマットがバラバラだった報告書のエクセル一元化により、作業効率が高まるとともに、情報の検索（一覧性）も容易になりました。

修学旅行などの写真の申し込み等も、写真業者の協力を得て、オンライン申し込み・決済で行うようにしました。このことにより、集金時間の削減だけでなく、担任が現金を扱わずにすむため、事故防止にもつながります。

また、教材費・学級費の集金についても、今までは手集金で行っていましたが、令和4

年度より銀行引き落とし、業者への振り込みという方法に変更しました。変更するまでには、さまざまな調査・調整が必要でしたが、教頭や事務職員の熱意で、実施に踏み切ることができました。これも、時間の確保と事故防止に大きくつながります。

(6) 整理による作業時間短縮

どの企業・家庭・個人でもよくあることだと思いますが、整理がうまくされていなかった場所があり、毎回備品・機材・資料の捜索に時間を要していました。これも微差の積み重ねが大差となる事例です。職員室内や放送室等も、一目で何がどこにあるかがわかるよう整理され、気持ちのよい空間となりました。

事務室では、さらに工夫をして、誰が見てもすぐにペンや画びょう等の消耗品の場所がわかるように、見た目にもすぐわかるラベルを貼ったり、収納場所の工夫をしたりしました。探す時間の短縮ができて、とても便利になりました。

(7) 設備投資による作業負担軽減

これまでの検温方法を見直し、スタンド式の自動検温器に変えました。以前は事務職員が席を立ち、受付の窓越しにお客様の額に非接触型検温器を当てて測っていたので、1日何回もこの作業で時間を使い、「微差は大差」の時間を要していました。自動検温器に変えることにより、来客もスムーズに受け付けを済ませることができるので、お互いにとってストレスもなく時短にもなりました。

また、草刈り機の購入は、今まで5日間かかっていた敷地内の草刈り（それを春から秋にかけて5〜6回行います）が1日で済むようになりました。微差ではなく、とても大きな差を生んでいます。体力面・健康面にとっても、たいへんな負担軽減になっています。

(8) スクールサポートスタッフ（SSS）の効果的な活用

本校では、スクールサポートスタッフを週2回、各3時間の計6時間活用することができます。このスタッフ活用ですが、全く頼まない教職員、頼みすぎる教職員がいたり、スタッフの能率性を考慮した作業依頼がうまく行われなかったりという問題が起きてしまう懸念があったため、次のような工夫をしました。

・「お仕事お願いカード」（**写真３－４**）を準備し、スタッフとの打ち合わせ時間を削減しました。お願いカードがあることで、スクールサポートスタッフの方が、計画的に作業を進めることができるため、「週６時間の勤務時間で、９時間分の作業ができていると思います」と軽やかに感想を話してくれました。

・教務主任がカードの取りまとめを行い、同時進行可能なものと不可能なものをスタッフと協力して選別し、可能なものを同時にやってもらうようにして、能率を向上させました。

・教務主任が、依頼する作業量の公平さを担保するようにし、頼まない人、頼みすぎている人への声かけをするようにしました。

これらの取り組みの結果、多くの教職員から「スクールサポートスタッフさんには、能率のよい仕事をし

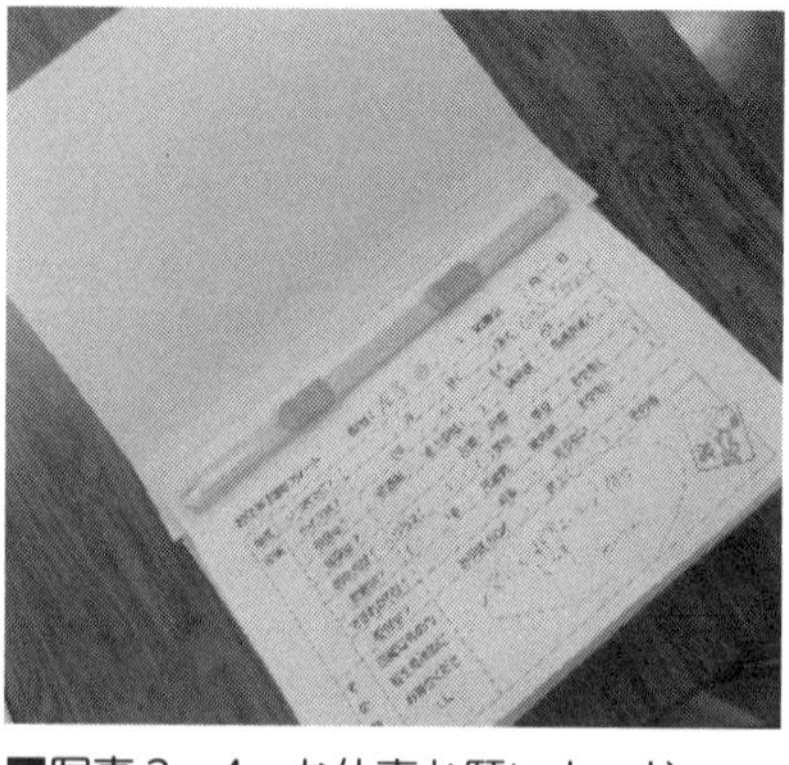

■写真３－４　お仕事お願いカード

ていただき助かっている」とフィードバックをもらい、また作業依頼の偏りも、かなり緩和することができてきています。

(9) 行事の見直し

運動会や音楽会等、学校には大きな行事が多くあります。それぞれ教育効果の高いすばらしい行事です。しかし、コロナ禍、業務改善の視点から、その実施の仕方について改善をしていくことが必要です。

❀運動会全体の計画の見直し

はじめに、運動会に費やす時間と本番の時間（時間対効果）、内容のあり方について検討しました。今まで学年別に、徒競走・集団競技・集団演技があり、集団演技の練習は念入りに時間をかけて行うことが慣習になっていました。そこを改善するために、本校では、運動会も、子どもたちが日頃の自分を十分に表現する場という意識をもち、演技や競技内容について工夫しようということになりました。練習時間も本番の持ち時間も守り、その時間内でできる学年相応の内容で精一杯頑張るという考えです。

練習時間は今までより3時間程度削減しました。短い練習時間でも同じレベルの内容を成し遂げることができ、子どもたちのモチベーションを高めるものを考えたり、ソーシャルディスタンスが保てるように配慮したりしました。教職員のすばらしい創意工夫が見られるとともに、子どもたちも自信をもって取り組むことができていました。

〈創意工夫の一例　障害物競争（中学年）〉

スタート↓ハードルを2つ越える↓カードを引く（カードに書いてある運動をその場で行う：縄跳びで前跳び20回・四足歩き・腿上げジャンプ10回・輪投げ3つ入れる等）↓20メートルダッシュ↓ゴール

そのほかにも、開会式や閉会式、応援合戦等の時間も念入りに検討し、（校長の話も短くして〈笑〉）時間短縮に成功しました。運動会は午前中で終わることができました。

子どもたちは、生き生きと全力でそれぞれの競技に取り組むことができました。令和2年度は低・中・高学年ブロックごとの競技・演技でしたが、令和3年度は全校揃っての運動会ができ、特に2年生にとっては、本来の小学校の運動会の活気ある雰囲気を経験できるものとなり、とてもよかったです。「よさも残しながら、改善を進める」です。保護者の方々には、ライブ配信を行い、子どもたちの活躍を見てもらうことができました。

※令和４年度は、保護者参観可（家族２名まで）、徒競走と表現の２種目とし、体育の年間指導計画時数内での練習、当日も午前中だけの実施としました。

■写真３－５　ソーシャルディスタンスを保てる工夫をしながらの運動会

他の行事においても、「微差は大差」「時間対効果」を考え、常に改善の視点をもって計画していいます。教職員の目の付けどころや、新しい考えを柔軟に取り入れる力は本当にすばらしいです。

⑽ 平日計画年休キャンペーンの実施

92頁（PⅠ：運動・睡眠・栄養をしっかりと）で述べた「計画年休取得キャンペーン」の実施では、「計画年休カレンダー」（**写真3－6**）に計画年休日を記入し、自習体制等を組んでフォローアップを図りました。

計画年休日は職集でもアナウンスし、周知するので、堂々と休むことができます。

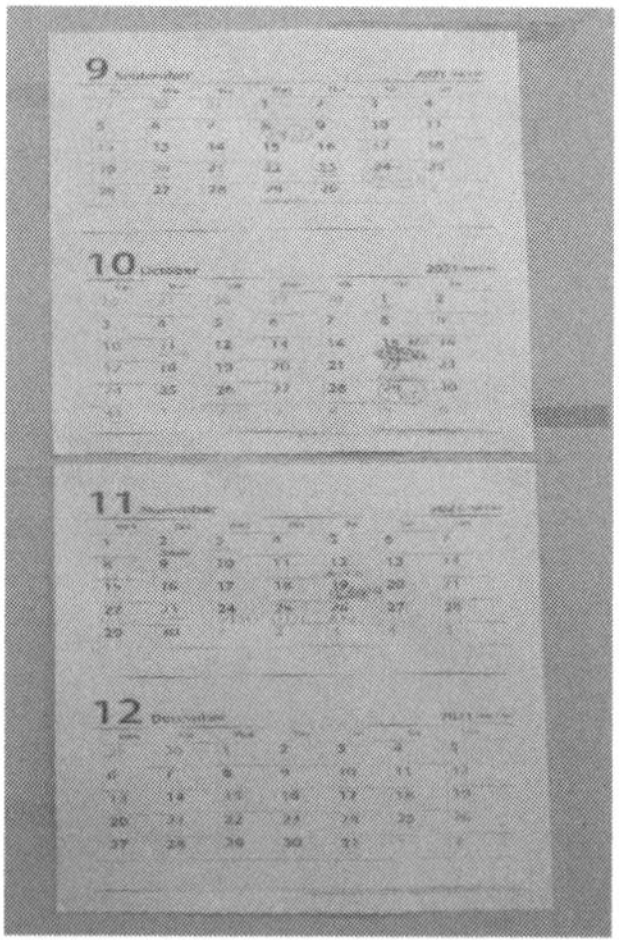

■写真3－6　計画年休カレンダー

業務改善「微差は大差」、これは時短という働き方改革においてとても重要なファクターだと私は考えており、令和2年度に校長室だよりで連載しました（次頁）。

令和２年度
上尾市立平方北小学校

校長室だより

8月20日（木）
第 18 号

学校における働き方改革

学校における働き方改革（業務改善とも言う）は何のために必要なのか考える。私たちが楽をするためだろうか･･･。勤務時間内で働くことを守るためだからだろうか･･･。

1　業務改善　：能率よく仕事ができるように改善する

キーワード：「微差は大差」

2　今までより自分の時間ができる

少し時間ができたら何がしたい？

3　**身体的・精神的な健康の保持増進**ができる

幸福学においても、人間が幸せに生きるために必要な基本の条件です

4　・心と体にエネルギーが湧き、想像力・創作意欲・知識向上欲求　等が高まる
○○したい。○○について調べたい。実際にやってみよう。（幸福度 UP↑）
・笑顔が増える。（幸福度 UP）

5　先生方の豊かな発想や新しい知識が、子供たちを生き生きさせる授業・学校生活へとつながる。

6　子供たちが生き生きとした学校生活を送ることができ、子供たちも笑顔が増える。学びが深まり学力向上等につながる。（子供たちも先生も幸福度ＵＰ）

すべては子どもたちのために

・上記のことを理解しないでいると、ただただ時間のことだけが焦点化されてしまい、子供たちへの意識が薄れていってしまう危険生があります。
・業務改善は、学校全体の仕事内容のバランスを考えながらチームで行う事が大切です。
・業務改善は、校内からできる事、校内ではなく教育委員会等で考慮する事両面からの改善が必要です。
・私たちは、チーム平方北は、校内の業務を見直したり改善したりしていくことができる大きな力をもっています。（すでに、精神的安全の確保がされている素晴らしいチームだから。）

2学期、少しずつ改善を進めることを意識していきましょう。次号で具体的に迫れるようお話の続きを書いていきます。皆様のお知恵と実行力が鍵となります。

令和２年度
上尾市立平方北小学校

校長室だより

8月21日（金）
第 19 号

学校における働き方改革 ②

１　業務改善　：能率よく仕事ができるように改善する

すべては子どもたちのために

キーワード：「微差は大差」

「さあ、業務改善をしましょう。」と言っても、特効薬があるわけではありません。誰かにしてもらう部分に頼るだけでなく、自分たちの仕事の仕方や内容、環境を見直して変えていく事が必要です。ですから、最初は話し合ったり、整えたりと多少の時間がかかります。新しいことをしていく時には、絶対に必要な時間です。それを苦にして「例年通り」としていると、改善は全く進まないのです。

コロナ禍で、多くの行事や今までやってきた事の見直しを否が応でもしなくてはいけない令和2年度ですので、その中に業務改善の視点を入れて改善すれば、より有効な取組みになるはずです。業務改善の視点を持っているかどうかで、来年度からの働き方は変わってくると思います。ピンチの時代をチャンスに変えましょう！（思考力 UP！ひらめき　発想！）

(1)改善への意識 「微差は大差」「塵も積もれば山となる」

小さな事の積み重ねで大きな事になる。小さな時間を大切に使うことで大きな時間が生まれる。

まずは、この視点から改善点を見つけましょう。

①使いやすくする

②すぐに使いたい物が使える(整理整頓・誰もが分かるように)

※余分な物を減らしたら探す時間が減り、効率化が図れたというデータもあります。

④同じ内容の仕事を精選する

⑤行事等の企画・準備・運営でスリム化できるところはないか

等

②の例
事務室の棚に何が入っているか、すぐに見つけることができるように、髙田さんが整えてくれました。探す時間が減るはずです。

①の例
以前の BOX の形は、出し入れに時間がかかってしまう、との話を受け、ストレスフリーと時短になるようリニューアルしました。

(2)授業や学習、学校生活指導に関する仕事の見直し

（子供の力を伸ばしつつ　かかる時間を減らせることはないか）

①教材・プリント等の共有　②タブレットの活用　ICT の活用　　等々

※（研究の中でも意識していきましょう。）

令和2年度
上尾市立平方北小学校

校長室だより

8月21日（金）
第20号

学校における働き方改革 ③

1　業務改善　：能率よく仕事ができるように改善する

すべては子どもたちのために

キーワード：「微差は大差」

① 自分の仕事の仕方を見直してみよう。

・新しい目で、今している仕事を見直して、何か改善ができないか。5分短縮できるだけでも、1年間続ければ、大きな時間になります。

5分(1日)×5日(一週間)×35(週)＝875分　14時間35分

・手抜きではなく、合理的に、子供たちへ最良の教育となるよう、教材準備、授業展開、ノート指導、その他の評価に関わる仕事をどのように能率よく進めるか。

☆よい方法を、みんなで共有していく。

② 自分の校務分掌に係る仕事を見直してみよう。

・**部での話合いは効率よく進める**(タイムマネージメント)意識を高くもつ。適切な資料を用意・計画性のある進行　等(会議時間の短縮)

・**備品管理は、誰が見てもすぐに分かるように**　責任を持って管理する。保管場所など明示及び周知、及び状況確認をする。**不備の場合はすぐに声をかける。**

→探す時間を減らそう

→次に使う人への思いやり(「同僚の働く時間を削らせない。」という意識。)

・行事等の準備や当日の行程なども新しい目で見直す。伝統として引き継ぐべき大切な内容は継承し、省くことができる部分は思い切って省く。

2　時間ができたら何をしたいですか？

先日来校された、妹尾昌俊さんのお話から

『一生懸命働く木こりがいました。朝から晩まで、大忙しで一生懸命働いているので、手に持っているのこぎりの刃は、ぼろぼろです。「きこりさん、どうしてのこぎりの刃を研がないの？」と尋ねると、「忙しくて、研いでいる時間が無いんだよ。」‥‥のこぎりの刃を研げば、もっと速く切れて素晴らしい仕事ができるのに‥‥。』

少しの時間でも、自分を振り返ったり、高めたりできる時間があることで、人間は創造的な発想をすることができるのです。**「時間」は、自己実現・自己を高めるために、大切**だとされています。家族と過ごす時間、運動する時間、本を読む時間等、すべての時間の経験が豊かな経験となり、発想やエネルギーを生み出します。

4章

Intellectual Well-being
——好奇心をもって探求する

I1 好奇心を育む教育

Intellectual《知性的》 Well-being 第1法則は、「好奇心を育む教育」です。

児童の学習意欲の大きな柱が好奇心であるように、教育の品質向上にとって教職員の好奇心もとても重要な要素です。多くの教職員は学びに強い好奇心をもっていますが、繁忙により時間と機会に恵まれていません。そのため、私は時間の確保と機会の創出に腐心しています。

また、繁忙であるがゆえにＩＣＴや新しい学び、間接的に教育に効果のある学びに対してアンテナを張りづらいのが現状です。「業務改善」に取り組み、教職員の学ぶための時間を少しでも生み出せるように取り組むとともに、私自身も努力し、アンテナを張り、役立つ情報を入手しやすい環境づくりを心がけています。

例として、最新の本があれば購入し、職員室で共有できるようにする。校内ＬＩＮＥグループをつくり、オンラインで最新の情報のＵＲＬを共有する等の工夫をしています（Ｌ

ＩＮＥは使用ルールをつくって活用しています）。

(1) ＩＣＴの積極的活用・早期導入

本校では、令和2年5月というかなり早いタイミングでZoom導入に挑戦しました。令和2年4月にコロナ禍で学校が休校となり、私たちは子どもたちが外に出られない、友だちと遊べない、コミュニケーションが不足していることなどによるストレスを抱えるのではないかと強く懸念しました。ＳＰＩＲＥの「Ｒ（Relational《人間関係的》 Well-being）」の欠如により、子どもたちの心が荒んでいかないか、とても心配でした。

この時、学校がすべき大切なことは、「子どもたちとつながること、つなげること」であると考えました。教職員や友だちとつながることで、心に安心が生まれる。そのために、子どもたちが登校できるようになるまでの間、4つの取り組みを実施しましたが、その中のひとつとしてZoomの試験導入がありました。

新しい、慣れない取り組みであったため、教職員からも反対の声があったり、保護者の関心もあまり高いとはいえませんでした。一方で私は、ウェルビーイングな学び、タル博士の知見を学ぶために、この時点ですでにオンラインで世界とつながっていました。「対面で会うことができない環境下でオンラインは大きな力となる」。それをすでに実感していた私は、教職員に「手持ちのスマホでもつながれます。まずやってみましょう！」とスマホによるテスト運用を重ねました。

そこで教職員に効果を実感してもらい、いよいよＰＣを使った本格的なテストに移行したのですが、ここでさまざまな問題が発覚しました。

・スペシャリストがいない
・Ｗｉ－Ｆｉ環境がよくわからない
・Ｚｏｏｍの操作方法がわからない（教職員の経験者２人のみ）→ＳＮＳに対してネガティブなイメージをもっている
・アカウントが学校に３つしかない
・回線が細く一斉に使うと固まる
・つながる部屋とつながらない部屋がある
・保護者への周知・支援体制をどのようにするか　等々

困っていたところ、知り合いから配信技術者の方をご紹介いただき、Zoomをつなぐまでのさまざまな課題解決にお力添えをいただき、無事問題をクリアすることができました。また、事前に保護者にZoom接続について理解いただくため、学校と家庭をつなぐ日（個別来校日）に「ご相談受付コーナー」を実施してくださいました。こうしたつながりや教職員、保護者の方々の協力のもと、5月にZoom試験活用を実現することができました。

実施前は接続率が懸念されたのですが、保護者の皆さんのご協力により、家庭数の約80%からの接続を実現しました。この試験運用に成功し、それ以降本校では朝会、集会等で3密を回避するために各クラスと発表者の場所をZoomで接続したり、運動会、音楽祭、授業参観をZoomで行ったりしています。

また、GIGAスクール構想での1人1台端末の配備に向け、校内研修（教職員向け）を計画的に実施しました。コミュニケーションツールであるGoogle Meet、オンラインスクールの役割を果たすGoogle Classroom、情報連携に役立つJamboard等について学びました。

教職員のICTリテラシーには個人差がありました。そこでICT主任がさまざまな研修会へ参加し主体的に学び、効率的に教職員にこれらのツールの使い方を説明してくれました。それにより8月以降のオンライン授業トライアルを円滑に進めることができました。

⑵ 学校課題研究への注力

学校課題研究とは、学校の課題を解決するために学校全体で授業等について研究をする取り組みです。これは市の教育委員会から委嘱を受け行うものです。本校では、令和3年度から学力向上を課題として課題研究に取り組んでいます。

教員全員を授業研究部、環境調査部にチーム分けし、授業研究部は国語と算数の授業改善に向けて、仮説を立案し、改善の手立て（具体策）を考えます（**図表4－1**）。環境調査部は主に3つのタスクをもち、①授業研究部の改善手法の効果測定を行う（アンケートの実施）、②県の学力状況調査を分析し、本校との比較分析を行う、③学習環境（言葉の掲示物や算数コーナー等）を整える等を行っています。

この取り組みで私が大切にしていることは、研究主任と各部の部長との対話です。ミーティングや言葉がけで、進捗確認や情報提供を行うのはもちろんのこと、教頭と連携し活動における強みの発揮を称賛することと、問いかけによるコーチング的な働きかけを大切にしています。具体的な称賛や働きかけについては、129頁の「I2：積極性・主体性を重視」をご参照ください。

(3) 先端・広範な教育情報の収集と提供

私は令和4年現在、主にGIGAスクール構想に適応するためのICT関連の教育情報と、ウェルビーイング実践の教育情報の収集に注力しています。情報は、本やオンライン研修会等で得ており、自ら学ぶ楽しさを味わっています。

ICT関連の情報は、文科省の資料や民間セミナー・オンライン研修会に参加することで収集しています。

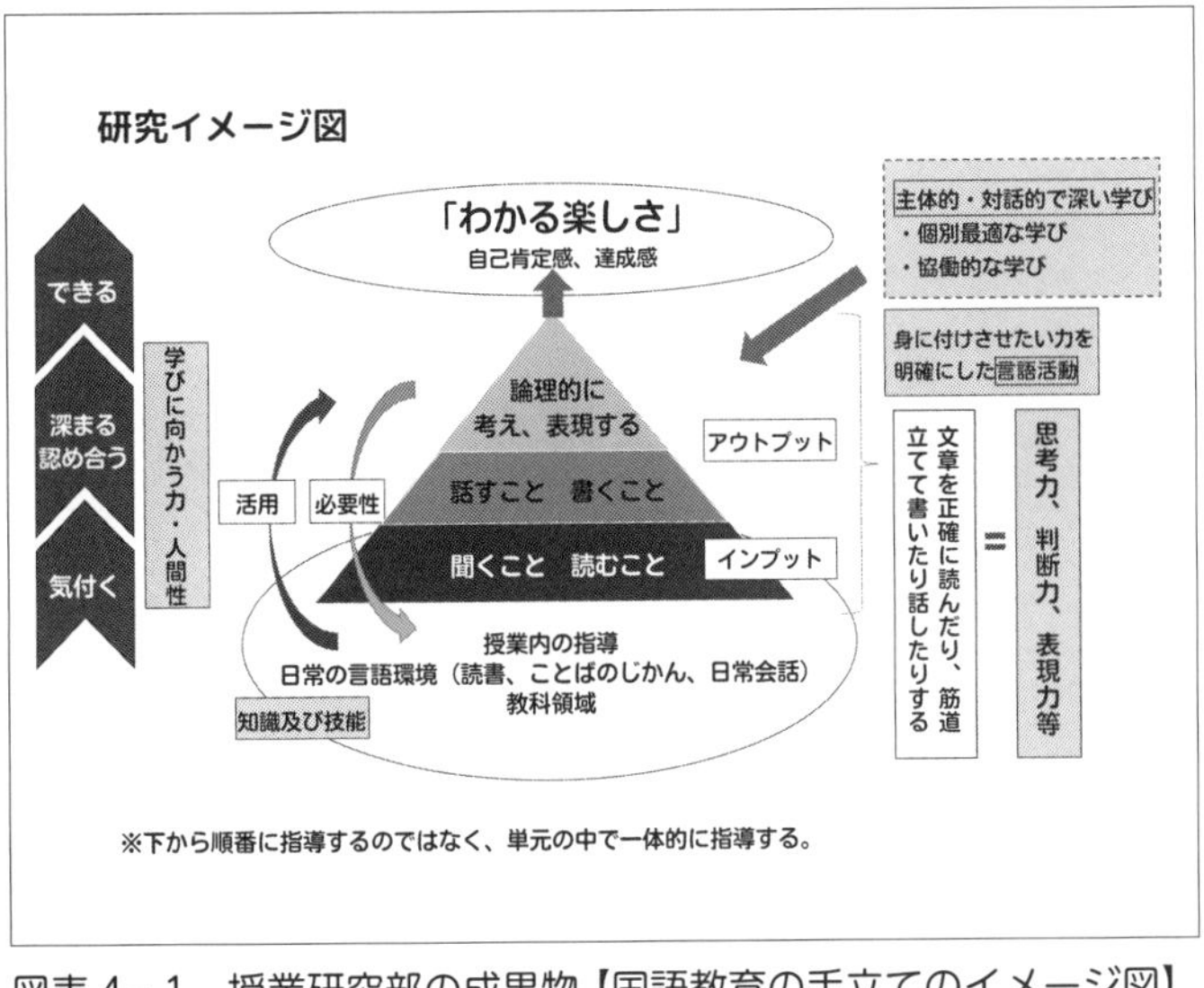

図表4－1　授業研究部の成果物【国語教育の手立てのイメージ図】

ウェルビーイング関連の情報は、隆司先生が主催しているウェルビーイング大学、タルボ博士が主催しているハピネススタディアカデミーに所属し学びを深めています。こうして入手した、もしくは培った知見を咀嚼し、私なりの言葉で日々発信に努めています。

また、学校教育のあるべき姿、方向性を理解するには、学習指導要領の理解が必要不可欠です。そのため、必要に応じて、教職員と共に学習指導要領の速読会を実施し、その理解を深めてきました。

(4) 好奇心に働きかける外部講師の招聘

オンライン学習会のなかで、越谷市立新方小学校の田畑栄一校長先生の活動を拝見した際に、田畑先生が笑顔を中心に教育を行っていると知り、深い感銘を覚えました。その後、ご縁があり、田畑先生が取り組んでおられる「漫才教育」に触れさせていただきました。発表会では、子どもたちの漫才で、体育館に集まった全児童が笑顔でいっぱいでした。田畑先生のように温かく笑顔いっぱいの学校をつくりたいと強く思いました。

田畑先生のご専門は国語で、特に話合い活動についてすばらしい手法をおもちです。そこで、このご縁をきっかけに、本校にご来校いただき、話合い活動についての講義を教員向けに実施していただきました（**写真4－1**）。田畑先生の魅力あるすばらしいご講義に、本校全教員が感銘を受けていました。

■写真4－1　田畑先生による講義

令和３年度
上尾市立平方北小学校

校長室だより

9月 8日（水）
第２８号

越谷市立新方小学校　田畑　栄一校長先生のご紹介

９月１５日（水）の校内研修の講師としてお招きしている田畑　栄一校長先生をご紹介します。

【プロフィール】

埼玉県越谷市立新方小学校長。秋田県大館市出身。小中学校教諭、埼玉県の指導主事を経て、平成２５年より同市立東越谷小学校長、越ヶ谷小学校校長を経て現職。平成２９年に第６６回読売教育賞優秀賞。平成２７年より、創造的な学力向上や、いじめ・不登校問題の解決などに向けた取組として「教育漫才」の実践を始め、ＮＨＫなど多くのメディアに取り上げられています。

NHK 特集 https://www.nhk.jp/p/etv21c/ts/M2ZWLQ6RQP/episode/te/8R1YPM4854/

「コロナに負けない～名物校長と“笑う学校”～」

１年前、長期の休校から始まった学校生活は異例づくし。マスクを着用し、おしゃべりは控えて、行事もほとんどなし。埼玉・越谷市立新方（にいがた）小学校に赴任したばかりの田畑栄一校長は、こんな時だからこそと、“つながる”教育を目指した。目玉は、子どもたちがコンビを組んでネタをつくり披露する「教育漫才」の授業。笑いによってコミュニケーション力が格段に上がるという。ユニークな学校の取り組みを１年間見つめた。

☆「自殺・不登校・いじめのない『温かい笑顔』の学校」づくり
☆「学び合い（全員思考の活用・全員発表・全員完了）」授業づくり。子ども主体の意見を出し合う授業づくりを目指す
☆「教育漫才」を開発し、その実践からの効果を伝えている
○「教育漫才で、子どもたちが変わる～笑う学校には福来る～」
○「クラスが笑いで包まれる　小学校教育漫才テクニック３０」

・NHKEテレ「switchインタビュー　達人達」R3・2・27
・NHKEテレ「ETV特集コロナに負けない名物校長と笑う学校」4・24
等

12 積極性・主体性を重視

Intellectual《知性的》 Well-being 第2法則は「積極性・主体性を重視」です。

より望ましい教育に向けて最も大切な要素は、主体的・自発的・積極的に変化を追求する姿勢です。「主体的・対話的で深い学び」の実現により、児童は学ぶことがより楽しくなります。子どもたちが心から楽しいと思えるような授業展開ができるよう、教職員が工夫ある授業に日々取り組んでいます。この取り組みを学校全体の枠組み、チームで推進することが重要です。

序章で、校長は船長のようなものだと述べました。校長の仕事は、日々の航海の中で大きな波、たとえばＧＩＧＡスクール構想やコロナ禍などがあげられますが、そういった大きな波が起こす影響を察知し、あらかじめ対策を練ること。これが校長の務めであると考え、実践すると同時に、この大きな波を乗り越えるのは、教職員の主体性に基づくボトムアップなアプローチと、校長・教頭らのファシリテートによるアプローチ、相互がうまく影響し合うことが必須であると考えています。

(1) 教室訪問と称賛

私は毎日（在校している日）、全学級を訪問しています。訪問は子どもたちの様子、教職員の様子、教育環境の安全性や有効性を見るという3つの目的があります。

子どもたちの様子については、まず何よりも頑張っている様子に着目します。たとえば、苦手なものを克服しようとする気持ちとチャレンジなどを観察しています。そして、子どもの頑張りを称賛するとともに、教職員の努力や優れた実践も称賛することを心がけています。

また、問題を抱えている子どもたちの表情・動きも注視しています。先生方の話題やアッピースマイルサポーター（本市の特別支援教育支援員のこと）、特別支援学級補助員の日誌等でよく言及されている子どもたちの情動の変化を見ます。そして、何らかの変化に気づいたら、必ず担任と情報共有をします。

たとえば、日誌に「A君が〇〇ができないので注意しました」と、複数の支援員さんが続けて記録していたことがありました。さらに学級訪問に行くと、担任がA君を指導していました。A君がふざけていたのが原因でしたが、皆の視点がA君の負の行動ばかりに向いてしまい、よいところを見逃したり認めることをしていなかったりするのではないかと感じました。そして、A君の態度の変化の起点は何か、その理由は把握しているかを確認するとともに、「ふざける」という行動に執着している思考から一度視点をそらし、認知を変えてみることが必要だと感じました。

そこで、私は支援員さんに「A君のいいところは何ですか？　日誌にA君のいいところを書いてみてくださいね」と言葉がけし、担任にも「いいところを見つけたらほめるようにしてみてくださいね」と認知の視点を変えること、俯瞰してもう一度広い目で見てみることの重要性を伝えました。そうしたところ、翌週にA君によい変化が表れ始めました。担任や支援員さんに、フォーカスからルーズへ、意識を変えていくことの大切さに気づいてもらうことができました。

日誌を丁寧に読んだり、訪問で観察したりする。すると、現場にいる担任や指導員では気づけない、外からだからこそ気づけることがあります。その気づきを大切にし、担任や支援員が気づかないことに私が気づいたらちょっと伝える、この「ちょっと」というあんばいに気をつけるようにしています。そして、「ちょっと」のアドバイスで、適切な指導へと柔軟に変容できた担任へ、称賛や労をねぎらう言葉がけをします。その小さな積み重ねで教職員は仕事のスキルと自尊感情を高めることができると考えています。

この教室訪問は、教職員の様子を見る時間でもあります。教職員の指導のすばらしさや授業の工夫、頑張っているところ等に出会える時間です。その時私は、心から先生方はすばらしいなあと感動し、とても嬉しく幸せな気持ちになります。その感動を素直に伝え、称讃することを大切にしています。

また、危うさが見えるときにはすぐに指導をします。私自身もそうでしたが、教職員はそれによって「しっかりと見てもらえているな」という安心感を得ることができたり、起こりうるトラブルを防げたりします。

さらに、教育のプロフェッショナルとして、児童にとって、学校の核である授業がウェルビーイングであるように、授業の内容については次のような着眼点に基づき、観察するようにしています。

〈教室訪問の主な視点
　「子どもたちにとってウェルビーイングな授業になっているか」〉

①**導入・展開・終末の流れができているか＝子どもたちのＩ（Intelligence）を掻き立てているか**

・導入：その授業を成功させる鍵です。**どれだけ児童の興味関心を高め、「学びたい！」「知りたい！」「解きたい！」という意欲を高めることができるか、Intellectual Well-Beingを高める**工夫がされているかどうかがここで決まると言っても過言ではありません。導入時に児童にどのようにアプローチをするのか、そして課題の提示をするのかで、授業の流れが大きく変わります。

・展開：子どもたちが主体的・対話的に活動できる場面が設定されているか（**Spiritual Well-Beingを高める**ためには、主体的で意欲的に取り組める活動内容があることが大切です。**Spiritual Well-Beingを高めているか**）。展開をつくるなかで、「子どもたちが主体的に取り組みたくなる必然性を仕掛け

■写真４－２　授業の様子

ていたり、声かけをしたりしているか」「教師が主役ではなく、児童が主役になり、教師はファシリテーター役となっているか」等に視点をおいて授業を見ています。

また、「対話的」な活動を行う際には、クラスの人間関係を日頃から良好なものにし、必要に応じて配慮したグルーピングを行うなどして、児童にとって「良い人間関係における心理的安全性」(Relational Well-Being)が図られているかを見ています。

・終末：「○○についてよくわかった」「自分で解けて楽しかった」など、子どもたちに充実感・満足感があるか(Emotional Well-being)も重要です。

②言葉遣いが丁寧で適切であるか

子どもたちが学校で過ごす時間は1日約7時間です。この時間の中で多くの言葉に触れます。小学校では担任と過ごす時間が長く、担任が使っている言葉を1年間聞くことになります。担任が言葉を丁寧に使い、豊かな言葉を子どもたちに与えてくれているクラスと、そうでないクラスでは、1年後には子どもたちの言葉の力に大きな差が出てきてしまいます。

「〜です」「〜ます」のような丁寧語は、家庭では使う機会が少ないと思います。学校でしか触れることができない児童もいるかもしれません。この丁寧な言葉を使い慣れることは、文章を書いたり、社会で人とコミュニケーションをしたりするうえでとても重要であると考えています。

自分の気持ちを自分の言葉で相手に伝えることは、子どもたちのRelational・Emotional Well-Beingを高めるために、とても重要です。自分の感情をうまく表現できず、自分の気持ちを相手に伝えられないことで、トラブルになったり、人間関係の構築が難しくなったりしてしまうことがあります。そうすると、おのずと人間関係（R）が崩れたり、嬉しい感情や楽しい感情（E）も下がったりしてしまうのです。

また、子どもたちに対する問いかけは、子どもたちが文章で答えられるように質問すること、といったポイントも確認しています。本校では、「教師は、児童の言語習得の最大の教育環境である」ということを共通理解し、豊かな言葉、温かくポジティブな気持ちになれる言葉を意識して使えるよう、日々の教育活動を行っています。

③教室（校内）環境が整備されているか

学校は、児童にとって安心・安全な場所でなくてはなりません。そこで第一に大切なのが、教室や廊下の安全が確保されていることです。棚の上に落下物はないか、画びょうはしっかりと壁にささっているか、廊下に物は置かれていないか等を確認しています。また、教室内の掲示物で子どもたちの活動は見られるか、掲示物は適宜更新されているかということも、学級の様子を見るためにとても大切です。

そして、本校では、ユニバーサルデザインにも意識を高くもち、教室内の特に前方の黒板、黒板周り、教師の机の周りなどがシンプルで整頓された状態になっているか、余計な掲示物がないか等にも気をつけています。

また、学力向上に向けた取り組みのひとつとして掲示物の活用も行っています。具体例として「直近の既習学習のものを掲示する」「常に覚えておくべき内容の学習事項を掲示する」などがあげられます。これらの学習効果を高める掲示物について、適切に掲示されているかも視点のひとつです。

本校の各教室はいつ訪れても、掲示された作文や絵画から生き生きとした子どもたちの活動の様子が感じられ、その時々で子どもたちが何を学んでいるのかがすぐにわかる環境づくりができています。この面からも、教職員の努力が伝わり、感銘を受けることが多いです。

以上が教室訪問において着眼しているポイントです。称賛については、Relational Well-being（R2：感謝とねぎらい、162頁）で主に取り上げます。

(2) 重点課題目標と校務分掌をリンクさせ、全員が参画できる場づくりをする

Spiritual Well-being（S2：強みと意義、84頁）をご参照ください。

(3) 校長室だよりで個々の教職員の強みを紹介する

Spiritual Well-being（S2：強みと意義、88頁）をご参照ください。

(4)「見合い、高めあい」活動の実施

本校の教職員は、それぞれに強みをもっています。学力を向上させるノウハウをもち、1分1分を大切にする先生、学級会活動で児童の主体性を伸ばす先生、外国語活動の指導が上手な先生等々。こんなにすばらしい授業の手本が校内にいるのに、その技術を広めることができないのはたいへんもったいないと感じました。

百聞は一見にしかず、先生方の授業を個々に見てもらいたい！　一度見れば、そのすばらしい教育技術をシェアすることができ、本校全体の教育技術が高くなることは確実であると考えました。

提案した当初、そのような文化はなく、また教職員が忙しく、他の学年の授業を参観に行くことはなかなかできませんでした。そこで学校課題研究の研修中に必要性を訴え、共通理解してもらう時間をつくりました。それでも、他の教職員への遠慮や時間確保の難しさが壁となり、なかなか軌道に乗りませんでした。

そのため、研究主任・

【他クラスを見る時のポイント】

1　研修等で決めた校内共通の内容を他のクラスではどのように実施しているのか
（自己の指導の再確認）

①授業開始・おわりのあいさつの仕方
②話型の実施の取り組み（～です　～ます。　返事「はい」）
③UD化を考えた板書付近の掲示等
④教室内（学年室）環境の整え方
⑤タブレットの使い方

この辺りについては、ふれが大きい場合には、みんなで軌道修正していくことも大切です

2　他の先生方の素晴らしい指導から学ぶ

各先生方の素晴らしい指導について僭越ですが、ご紹介させていただきます。お一人お一人、もっともっと素晴らしい指導力をお持ちですが、今回は１～２つずつのご紹介とさせていただきます。

1－1　○○先生	英語活動（Classroom Englishの活用）　授業規律の徹底
2－1　○○先生	丁寧なわかりやすい板書とノート指導　読書活動の推進
3－1　○○先生	タブレットを活用した体育授業　タブレットの日常使いの工夫
4－1　○○先生	言葉を大切にした各教科指導 一人一人を大切にした子どもの目が輝く授業
5－1　○○先生	子どもたちに主体性を持たせるように導く学級活動の指導
6－1　○○先生	話合い活動・タブレット活用等で主体性を伸ばす授業 先生の的確な指示
ひ1　○○先生	一人一人へのわかりやすい指示と、あえて考えさせる関わり方
ひ2　○○先生	子どもに気付かせる問い（一日の生活をとおして常に） 教材教具の工夫
○○先生	綿密に準備された授業（教材研究・準備・板書等） ICTの効果的活用
○○先生	ICTを活用した音楽授業 感染防止をしながらの充実した音楽活動
○○先生	心を落ちつかせて取り組ませる書写指導 わかりやすい板書（算数）

図表4－2　他クラスを見る時のポイント

教頭と相談し、まず各クラスのスケジュールである週案を職員室に掲示し、教職員の時間割の可視化を図りました。また、管理職がバックアップに入る体制を皆に伝えました。その結果、１人、２人と他クラス参観（見合い活動）を始める先生が現れました（**写真４－３**）。

各クラスの週予定を掲示。
見学したい授業の時間を確認。

■写真４－３　同僚の授業を参観し、お互いに学び合う

　令和４年度に入り、この活動はさらに積極的に行われ、特にミドルリーダーが若手教員をさそってどんどん授業見学に行くという、すばらしい動きが生まれています。

(5)　スモールステップの提案と対話で主体性を引き出す

　教職員にアドバイスをする時には、タイミングと強弱とリズムを大切にしています。タイミングは、最初に話しかける時にはまず本人の考えや思いを聴くようにしています。そこから自身で考えていけるような主体性を伸ばしたいと考えています。

「〇〇についてとてもいい考えですね。一方で△△についてはどのように考えますか？」程度。一定の期間待って、変化があるかを見届けます。もし変化がなければ、再度対話をもち、リマインドする。また一定の期間待ってみる。頑張りが見られるのであればねぎらい、変化がないようであれば今度は職員集会や校長室だよりで「とても大切なことなので、みんなに共有していきます。頑張ってくださいね」と全体に対して言及する、時には直接アドバイスをする、というような強弱とリズムです。

そして、提案は段階性もとても大事です。これができたから次はこれ、というように、その教職員やクラスの状況をよくかんがみて、アドバイスの段階（ステップ）を考えていきます。次のステップを提案するタイミングを見計らうのもとても大切です。次から次に本人のテンポや考えを考慮しないアドバイスをするのは逆効果です。

この強弱・リズム・段階を意識して、教職員の主体性をさらに高めたり引き出したりすることができるよう努めています。対話では、今まで培ってきたカウンセリング手法やコーチング手法を適宜意識して取り入れています。

5章

Relational Well-being
——よい人間関係を保つ

R1 心理的安全性の高いチーム

Relational《人間関係的》 Well-being 第1法則は、「心理的安全性の高いチーム」です。私は学校教育において、児童・教職員皆にとって、学校が心理的に安全な場であることがきわめて重要であると考えています。

・管理職が、教職員が自由に気持ちを表現できる場を醸成する。
・教職員が、児童が自由に気持ちを表現できる心理的に安全な場づくりをする。

この双方が満たされることで、児童、教職員は潜在能力を発揮しやすくなります。

単に居心地がいいだけのぬるい職場ではなく、高い目標を達成するために健全な意見の衝突を許容・奨励することが大切です。このバランスに教職員皆が留意しながら、自由闊達に意見を言い合い高めあえる、そんな職場づくりを心がけています。

学校という運営組織（職場）が心理的に安全な場であり、和が育まれ、そこで働く教職員皆がウェルビーイングであること。これが、学校教育の鍵であると私は信じています。

(1)「心理的安全性」についての共通理解

私は、学校教育で子どもたちにとって最も大切なことは「学校が心理的に安全な場である」ことであり、「われわれ学校教育に従事する者は、学校が子どもたちにとって心理的に安全な場であるよう留意することが大きな務めである」と考えています。

共通理解を図る取り組みとして、まず令和3年度の学校経営方針に「心理的安全性」を盛り込みました。経営方針の説明を4月1日（新年度初日）に丁寧に行い、5、6月の2ヵ月にわたり、4回シリーズで校長室だよりで詳しく説明しました（158〜161頁参照）。また、職員集会で心理的安全性を話題にあげるようにしてきました。このように、折に触れて心理的安全性について教職員に伝えるよう努めています。

心理的安全性をつくるために大切なのは、教職員個々のあり方と組織のあり方、この2つのウェルビーイングに関して共通理解を深め、それを実践していくことです。

✿個人のウェルビーイング（心理的安全性を高める個々のあり方）

①「安心して話せる」「信頼して話せる」雰囲気をつくる

・まず私自身が、教職員にとって「安心して話せる」「信頼して話せる」管理職の姿を体現できるように努めています。

・話を共感的姿勢で聴く。負の連鎖が発生しそうになったら、認知行動療法を活用して意識を変えることができるよう言葉がけをし、ポジティブ思考へ導くよう努めています。

・問題があった場合はすぐにチームを組み、組織で対応します。必要に応じて、迅速にサポート体制をつくります。

・「最後は私が責任をとるから大丈夫。誠意をもって職務にあたってくれれば、あとは心配しないで、堂々と思い切りやってください」とエールを送ります。

・放課後等には気軽に声をかけ、話しやすい雰囲気をつくれるよう努めています。

②日頃から笑顔で過ごす（真剣な時は真剣に。メリハリを大切にする）

・笑顔は人の気持ちも自分の気持ちも安心させることができます。笑顔の大切さを共有し（笑顔の連鎖、笑顔の医学的効果等を具体的に、校長室だよりや講話集会をとおして伝えています）、自分も笑顔を意識して生活しています。特にマスクをするようになって、大人も子どもも表情が乏しくなっていると感じているので、笑顔を意識することは将来的にも大切になっていくと考えています。笑顔は連鎖し、幸福感が広がっていきます。

③常に感謝の気持ちを忘れない

・幸福4因子の中の「ありがとう！」因子。感謝の気持ちが「心理的安全性」の根幹にあります。職場や集団の中では感謝の因子が他の3つの因子を支える形であることを意識することの大切さを伝えています（校長室だより）。

・退勤時には、感謝を伝えるあいさつをしています（166頁をご参照ください）。

④言葉を大切にする（ポジティブな言葉に変える）

・自分の思考をポジティブに変換するために、発する言葉がポジティブなものになるよう意識を高めています。常に心が軽く明るく、思考は前向きになり、行動も変わってきたことを実感しています。

・ポジティブ心理学や認知行動療法について、校長室だよりで簡単に触れたり、ふとした時に目に付く場所に「言葉遣いの大切さについて」のミニポスターを掲示したりして、全教職員で意識を高めています。

このことを教職員も意識していくことで、学級内の雰囲気も学校全体の雰囲気も変わってきたことを感じています。放課後の職員室内での会話もポジティブな内容に変化してきました。

✽組織のウェルビーイング（心理的安全性を高める組織のあり方）

①心理的安全性4因子を大切にする

序章でご紹介した石井氏は、日本版「心理的安全性」4つの因子として、「話しやすさ」「助け合い」「挑戦」「新奇歓迎」としています。本校では、この考えを全教職員で共有し、実現できるように努めています。

私が「ウェルビーイングの考え方を学校経営に取り入れましょう！」と提案することが、まず「挑戦」であり、教職員にとって「新奇歓迎」だったかもしれません。「話しやすさ」や「助け合い」の気持ちをもてる職場に変えていくことで、本校教職員は「新たな挑戦」や「新奇歓迎」の力を発揮し職場の「心理的安全性」を高めています。

では、逆に「心理的安全性のない職場」はどのような職場でしょうか。

・対人関係のリスク（「無知」「無能」「邪魔」「否定的」だと思われる）のある職場
・「チームのために行動しても、罰を受ける」という不安やリスクのある職場
↓メンバーは必要なことでも行動しなくなってしまう。言われたことだけやる。
↓個々のメンバーの力をうまくチームの財産へと変えることができない。
↓危険なことがあるとわかっても、見て見ぬふり（報告をしない）で事故が起きる。

この対人関係リスクが、「心理的安全性」をなくしてしまうのです。このような職場では、いくら優秀な人材が働いていたとしても、一人ひとりの能力が発揮されず、個人にとっての働きがいや使命感も減少し、幸せとはほど遠いものとなってしまいます。もっと悪化すると、心因性の疾患を患ってしまったり、離職をしたりする人の人数が増えてしまうでしょう。

さらに、優秀な人材がいるにもかかわらず、組織としての力も伸びないどころか、「余計なことはしない、言わない」「見て見ぬふり」などが繰り返され、組織として大きな事故を引き起こす可能性が高くなってしまうでしょう。こう考えただけでも、職場の心理的安全性は、学校現場においても重要なことなのです。

②健全に意見を出し合い学習する職場をめざす

本校は「心理的安全性」の意識を高めることで、**「学習する職場」**になっています。**「心理的安全性の高い職場」**とは、仲良しクラブのような、みんなが仲良しでいるだけの集団と勘違いされることもあるかもしれません。しかし、学校は「学習する職場」（**図表5－1**の「心理的安全性」が高く、目標基準が高い）であってはじめて、学校教育目標の具現化が図れるものと考えます。

本校には学力向上等の学校課題があり、それらの課題解決に向け基準を高くもち、課題解決に向けた具体策に積極的に取り組んでいます。**組織全体の目標があり、それが具体的に見えていること**も、組織力を高めるためには重要なポイントとなります。

・**「ヌルい職場」**では、新しい教育（学習指導要領に対応する、1人1台端末の活用、コロナ禍を乗り越える等）へシフトチェンジすることに対して、現状維持を求める力が働き、未来を担う子どもたちに必要な教育を与える責務を果たしにくいと考えます。

・**「サムい職場」**では、変化も起こらず、幸せな気持ちで働く教職員もいない状態で、よい教育はできません。保護者からの信頼も得られないでしょう。また、離職者も増えてしまうのではないかと思います。

・**「キツい職場」**では、日々の恐怖による支配で、ストレスを抱え病気になったり、離職等に陥ったりする可能性があります。利益を上げるためには、このような体制が必要な時代もあったかもしれません。しかし今は、一人ひとりが大切な時代です。また、教職員の事故や離職が多いことが問題となっている昨今です。この職場のあり方では、この課題を解決することができないと思います。

「心理的安全性の高い職場」を志向していると、とかく「仲の良さ」が強調されますが、子どもたちに質の高い教育を提供

	目標基準が低い	目標基準が高い
心理的安全性が高い	**ヌルい職場** 目標は低く、仕事の充実感も低い。結果は重要ではない。	**学習する職場** 健全な意見を出し合い高いパフォーマンスを目指し学習して成長する職場。
心理的安全性が低い	**サムい職場** 余計なことをせず、自分の身を守る。言われた以上のことはしない。ミスを隠す。	**キツい職場** 不安と罰によるコントロールが幅をきかせる。ノルマは高いが協力性はない。

出典：石井遼介『心理的安全性のつくりかた』（日本能率協会マネジメントセンター）37頁図1-6をもとに一部加除修正して作成

図表5－1　心理的安全性と仕事の基準

するために大切なことは切磋琢磨すること。多少耳が痛い内容でも、相手が成長するため、組織が成長するためであれば自由闊達に意見を言い合えること、それが重要であると私は考えています。その際には、言葉を大切にすることや感情と意見を区別することが大切です。

この個人、組織、両方の心理的安全性を高めるあり方、これをまず私自身が体現し、また組織全体でこのあり方の共通理解が図られるよう、日々教職員と対話、情報共有に努めています。

また、そのために私はリラックスと緊張のメリハリを重視しています。

①職員集会や職員会議

・重要伝達事項等、緊張感をもって伝える内容ははっきりとした声（緊張感を含めた声）で伝える。

・校長会報告等を確実に行う（教育長・教育委員会からの伝達事項を確実に伝える）。

・教職員の言動等に違和感を感じた時にはすぐに教頭と情報共有し、確認、指導または助言方法を共有し、対応する。日々危機管理の視点をもつ。

②日々の提出物等の管理　提出期日を守ることについての共通理解を図り徹底する（見届けをする）

・常に危機管理意識を高めるため、安全点検・授業時数統計・出席簿等が提出日に出されているか即日確認する。提出されていない場合は、即日声をかける（管理職がしっかり見ていることを感じてもらうため）。

・会計監査、成績関係、外部発出文書など、細部まで確認する。訂正は確実に見届ける（遺漏のないようにすることで、事故を防ぐ）。

・外部に出る書類等は必ず起案することを徹底する。

※書類等の提出については、特に事故を防ぐために、全職員の意識を高めて取り組み、けっして「ヌルい職場」になってはいけないということを共通理解しています。

③具体的な指導をタイムリーに

・心理的安全性のもと、しっかりと指導しなくてはいけない問題が見えた時には、校長室で当人の話も聴きながら、必要な指導をする。

・指導の言葉は、前述のように、コーチングやカウンセリングの手法も取り入れながら、人権、自尊感情を傷つけるものはけっして使わず、どのように伝えたら納得するか、言葉を考えて行う。

④日報で具体的課題と対応を記述

・児童の変化（例：あいさつの声が小さくなってきた）、安全上の問題（例：学年室が整頓されていない、カーテンが閉まっていて廊下から中が見えない）等の問題が見えた時、日報に具体的な指導内容を記述し、対応を指示する。

⑤生徒指導上の問題等が発生した場合や発生しそうな予兆がある時には、即組織で対応

・問題の予兆をつかんだ時や、問題が発生した時には即座に対策チームを編成し、対策会議を行う。チーム一人ひとりの役割を確認し、それぞれが緊張感と責任感をもち、力を結集し問題解決にあたる。

・一人ひとりの役割を具体的に（何を、いつまでに、どのように）割り振ることで、チームで解決するという意識が高まり、迅速に対応できる。鉄則として、即時対応するとともに、記録を残すことを徹底する。

(2) 対話、積極的にチームメンバーの話を聞く

何気ない対話はとても大切です。心理的安全性の高いチームは「5分から10分程度の短い会話の頻度が多い」ことが知られており、短い雑談の中で、私は以下を留意して感じた思いを素直に先生方に伝えるようにしています。

・まず笑顔。安心して話せる、安心できる、安全な場所だなというイメージを大切にする
・感謝を伝える
・一日の中で出会った先生方の頑張りや、子どもの変化等について称賛する
・問題を抱えている先生には、落ち着いてじっくり話を聴く

〈対話例1〉

「今日は○○さんがとても元気よくあいさつをしてくれましたよ。いい笑顔でした。」

「ええ。今日は○○さんは、～ができてとても喜んでいたので、いつもより元気が出たのかもしれません。」

「そうですか。それはすばらしいですね。先生のご指導の賜物ですね。」

「いえいえ。本人の頑張りです。」

「本人が頑張れるように、先生が何か仕掛けをしたのではないですか？」

「～を少し変えてみました。」

「それはいい視点でしたね。さすが○○先生ですね。」「また明日も楽しみですね。」


〈対話例2〉

「○○先生、ちょっとご相談があるのですが、今お時間大丈夫ですか？」

「はい。何でしょうか。」

「○○先生が企画している◎◎についてなのですが、△△の点はたいへん具体的で、先生方もすぐに取りかかれそうですばらしいと思います。いいアイデアですね。」

「ありがとうございます。」

「一方で□□の部分は、『時間対効果』を考えると、少し準備に手間と経費がかかってしまうような気がするのだけれど、どうかしら？」

「そうですね。確かにそうかもしれないですね。よく考えてみたつもりですが……。もう一度考えてみます。」

「ありがとう。☆☆部の先生方の意見も聞いてみるとよいかもしれないですね。」

「はい。そうしてみます。考えてまた起案します。」

「ありがとう。よろしくね。よりすばらしい◎◎にしていきましょう。」


〈対話例3〉

「おはようございます。今朝は寒かったですね。」

「はい。」

「自転車通勤、寒かったでしょう？　本当に偉いですね。」

「いいえ。完全防寒ですし、自転車に乗っていると身体が暖かくなって、着く頃には、ぽかぽかなんです。」

「すばらしい！　だから○○先生は、いつも元気なのですね。私も見習わなくてはね。それでも、雪の日や、雨の日は無理せず、ヘルプを出してね。協力しますよ。」

「ありがとうございます。」

＊

その先生の状態や意識、家庭の状況、余力等々をかんがみ、声かけを行っています。時には、教職員の趣味の話や家族の話等も聴いたり、自分の趣味や家族の話もしたり、たわいのない会話から。職員室がとても明るい雰囲気に包まれています。もちろん、私がいない時も盛り上がっています（校長がいない方が、もっと本音で話せて盛り上がっているはずです〈笑〉）。

教職員が校長室に相談に訪れたときには、じっくり傾聴し、勇気づけたり、前へ進める手立てを一緒に考えたりして、最後は相談しに来た教職員が笑顔で退室できるよう努めています。ご自身で問題を解決できる力がつくよう導きながら、私が答えを出してしまわないようにも意識しています。それでもうまくいかない時は、その原因や打開策をじっくり考え、次のアプローチ作戦を立て、実行します。私がこのようなことを意識して対応することで、先生方の子どもたちに対する傾聴の仕方が身についたり、何より教職員の気持ちがウェルビーイングな状態を保つことができたりするのではないかと思います。

〈心理的安全性のある組織の話合い・対話を進めるうえでリーダーとして意識している姿勢〉

①積極的に教職員の話を聴く姿勢を示します。カウンセリングマインドで、傾聴します。

目を合わせる、うなずくなど相手が話しやすくなるように積極的に話を聴きます。

②相手の話を理解していることを表現します。「なるほど」「〇〇先生が言いたいことは～ですね」など、話の内容を理解したことを伝えます。

③相手が本音を言えるよう、普段から本音を言ってもらえるような人間関係の構築に努めています。

④私が意思決定をする場合は、反対意見をもっていた教職員にも理解してもらえるようその根拠を丁寧に説明します。

⑤管理職として支配的ではない自信や信念をもち、会議や話合いを統制します。会議中は意見の対立が個人間の対立に発展しないように、一部の声の大きい方の意見に偏っていかないように調整します。

令和３年度
上尾市立平方北小学校

校長室だより

5月13日（木）
第 8 号

心理的安全性について（「心理的安全性のつくりかた」著：石井遼介より

○「心理的安全性」とは

○**組織やチーム全体の成果に向けた、率直な意見、素朴な質問、そして違和感の指摘が、いつでも、誰もが気兼ねなく言えること。**

○心理的安全性はチームのためや成果のために必要なことを、発言したり、試したり、挑戦してみたりしても、安全である（罰をあたえられない）ということ。

※メンバー同士が健全に意見を戦わせ、生産的で良い仕事をすることに力を注げるチーム・職場のこと。

※チームの心理的安全性とは、チームの中で**対人関係におけるリスク（次号に詳しく載せます）がなく**、意見を言っても大丈夫だ、というチームメンバーに共有される信念のこと。

○Google のリサーチチームが見いだしたのは、**真に重要なのは**、「誰がチームのメンバーであるか」よりも**「チームがどのように協力しているか」**だと言うことだった。**さまざまな協力の仕方がある中で、圧倒的に重要なのが「心理的安全性」**であり、心理的安全性があるチームは離職率が低く、収益性が高いと結論づけている。

○心理的安全性の高いチームの効果

・業績が向上する（中長期でより高いパフォーマンスを出す）
※あくまでもチームパフォーマンスの先行指標（結果が上がるのは中長期的　。すぐに効果が上がらないからといってやめてしまうのは非常にもったいない）
・イノベーションやプロセス改善が起きやすくなる
・意思決定の質が上がる
・情報・知識が共有されやすくなる
・チームの学習が促進される
・例：心理的安全な医療チームはやり方への習熟が早く、手術の成功率が高い

○よくある誤解

・心理的安全なチームというのは、単に結束したチームのことでも、すぐに妥協する「ヌルい」職場のことでもない。
・結束したチーム⇒異論を唱えることが難しいチームになってしまうこともある
・「ヌルい職場」⇒人間関係はよいが、締切も守らず、ストレッチした仕事もせず、「安全」という言葉を「何もしなくても安全」「努力しなくても安全」と誤解してしまったことに起因する。（結局、様々な事故が起き心理的安全は保たれない職場となる。）
※心理的「非」安全な職場では、いつのまにかメンバーは必要なことでも行動しなくなってしまう。

石井遼介『心理的安全性のつくりかた』（日本能率協会マネジメントセンター、2020年）
4〜36頁の内容を一部参照・引用して作成

令和３年度
上尾市立平方北小学校

校長室だより

５月１３日（木）
第　９　号

「心理的安全性」について２

前号で書いた「心理的安全性」について、当たり前のようなことではありますが、意識をしていない組織では、なかなか実現が難しいと言われています。それは、次のような「対人関係リスク」が生まれてしまうからです。伝統的な素晴らしい組織でさえ、チーム全体で、「心理的安全性を守ろう、高めよう！！」という意識がないと、崩れてしまうのです。下の「対人関係リスク」思考が生まれないように、一人一人が意識を高くもつことが必要なのです。

対人関係のリスクとは

・分からないから聞きたいけれど、「無知」だと思われてしまうので聞けない。
　⇒安心して聞けないから、相談をしない。問題が大きくなる。
・失敗したけど「無能」だと思われてしまうから報告できない。
　⇒ミスを隠したり、自分の考えを言わなくなったりする。
・もっとパフォーマンスを上げた方がよいと分かっているけれど「邪魔」だと思われてしまうから、言えない。
　⇒組織全体の進歩がなくなる。
・違う意見があるけれど「否定的」だと思われてしまうから言わない。
　⇒いつも特定の強い人の意見で進む。間違えた方向へ行った場合修正ができない。
・陰でひそひそと否定する雰囲気がある。
　⇒せっかくの良い情報や、考えも出せなくなる。精神的に辛い思いをする人が現れる。
　　主体的・意欲的に働かず、暗い雰囲気に陥る（組織が壊れる　楽しいのは一部の人）
・先輩の意見が絶対又は一部の強い人（グループ）の意見が絶対（若手もあり得る）という雰囲気がある。
　⇒新しい意見が出なくなり、新しいアイディアが生まれにくい。所属意識の低下を生む。

この「対人関係のリスク」を無くすためには次の思考をチーム全員がもつことが必須です。

日本版「チームの心理的安全性」４つの因子この４つの因子があるとき、心理的安全性が感じられる。

１　「話しやすさ」因子

・みんなが同じ方向を向いて「これだ！」となっている時、それでも反対意見があれば、それをシェアすることができるか？
・「問題」「リスク」に気づいた瞬間・感じた時に声をあげられるチームか？
・知らないことや、わからないことがある時、それをフラットに尋ねられるか？
・報告がネガティブなものであっても、隠し事なく「事実は事実としてあがってくる」チームか？

２　「助け合い」因子

トラブルに迅速・確実に対処・対応する時や通常より高いアウトプットを目指す時に重要な因子
・問題が起きた時、人を責めるのではなく、建設的に解決策を考える雰囲気があるか？
・チームリーダーやメンバーは、いつでも相談に乗ってくれるか？
・このチームは減点主義ではなく、加点主義か？

３　「挑戦」因子

組織・チームに活気を与え、時代の変化に合わせて新しいことを模索し、変えるべきことを変えるために重要な因子。チームは正解がない中でさえ模索し、実験し、機会をつかむことができる
・このチームでは、チャレンジ・挑戦することが損ではなく、得なことだと思えるか？
・前例や実績がないものでも、取り入れることができるか？
・多少非現実的でも、面白いアイディアを思いついたら、チームに共有してみよう、やってみようと思えるか？
・チームによる「模索」「試行錯誤」アイディアを思いつき、深め、発表し、フィードバックを得て、共創することのブレーキとなるような環境を外していくことができるか？
　☆やってみたことを、振り返り（リフレクション）、改善や撤退の判断につなげることまでを１セットとする。

４　「新奇歓迎」因子　　（「寛容」因子）

一人ひとりが才能を輝かせ、多様な観点から社会の変化を捉えて対応する際に重要な因子
・役割に応じて、強みや個性を発揮することを歓迎されていると感じるか？
・常識に囚われず、さまざま視点や物の観方をもち込むことが歓迎されるか？
・多様性と包摂（ダイバーシティとインクルージョン）、そして所属意識とも深い関わりがある
☆SDGｓでも大きなテーマ
「誰一人取り残さない。持続可能で多様性と包摂性のある社会の実現」この目標に到達するためにも「新奇歓迎」は重要性の高い項目。

石井遼介『心理的安全性のつくりかた』（日本能率協会マネジメントセンター、2020年）
26頁、50～55頁の内容を一部参照・引用して作成

令和３年度
上尾市立平方北小学校

校長室だより

６月１６日（水）

第１２号

「心理的安全性」について３

８号・９号で書いた**「心理的安全性」**について、当たり前のようなことではありますが、意識をしていない組織では、なかなか実現が難しいと言われています。意識していても、人間ですから、忘れてしまったり、また自分の感情・習慣によって元に戻ってしまったりします。

Well-being の考え方（SPIRE や４つの因子）や働き方改革も同じですね。理論で分かっていても、実際、常に意識をして実践していないと、いつの間にか、意識が薄れてしまいます。時々振り返り、自分や自分を取り巻く環境の Well-being について振り返り、今何をするべきか、しないべきか、自分や今の状況を俯瞰（ふかん）することが大切です。

そのためには、少し気持ちを落ち着かせてみることがよいです。時間のあるときは、瞑想がお薦めです。時間の無いときは、深呼吸を３回するだけでも違います。

さて、今までお伝えしてきた「心理的安全性」は、学校組織だけでなく、一般の組織にも通ずる内容でした。**学校は教育の現場と言うことで、さらに安全性を高めていくことが大切**です。それは次の二つです。（二つ目は次号に続く）

１　「環境の心理的安全性」は職員がつくる。

社員が気持ちよく働ける職場の条件の一つとして、「きれいな環境」という条件が挙げられます。「きれいな」というのには、「新しい」や「最新の」「デザイン性」という意味合いもありますが、**古くても「整理整頓がなされている」「整然としている」「掃除が行き届いている」等、働く人が気持ちよく感じる環境であればその条件を満たしている**と言えます。

学校の校舎は、老朽化が進み、「古い」のですが、**本校は、先生方が日頃から整理整頓に努めてくださったり、丁寧に清掃指導・確認を行ってくださっていたり、掲示物が常に新しいものになっていたりしているので、校舎内は、常に清潔で気持ちよく過ごすことができる環境**になっていると言えます。

そして、**「学校」という特殊な環境では、子供たちにとっても安全という面も大切です。**その部分がしっかりと確保できていることで「私たち職員の心理的安全」が保たれるのです。

月に一度の安全点検はもちろん、日頃から**環境の安全に対する意識を高めておくことで、「施設設備の瑕疵（かし）（＝手落ち・手抜き・見逃し・気付かない等）による学校事故」を未然に防止できる安心感が生まれるのです。**「ちょっとここは子供が怪我をしそうだなあ。」「これでは感染のリスクが高いな。」「大きな地震が来たときに、避難経路を妨げてしまうな。」などの心配を感じるような場所や状況があると、学校全体の「心理的安全性」も下がってしまうのです。

学校の瑕疵（かし）による怪我は、学校事故となります。心理的安全性を勘違いした「ぬるい組織」は、自分たちを窮地に追い込むことになってしまうのです。それでは、「心理的安全性」がある環境とは言えないですね。**今後も引き続き、本質の心理的安全性を保ち、「環境の心理的安全性」も保っていきましょう！**

※現在の学校の教育環境に求められるもの
- 新型コロナウイルス対策
- 大地震、火災、水害、竜巻、台風等を想定した安全対策
- 転落防止対策　・施設内での怪我や事故の防止対策
- ＬＧＢＴＱへの対応　・ＵＤ化　　　　etc

「あれ？」と思ったら声をかけ合いましょう！！声をかけてもらったら「ありがとう」という感謝の気持ちが大切です。

死角のない整った学年室

ＳＤと無言の指導の徹底

感染防止対策を徹底した調理実習

令和３年度
上尾市立平方北小学校

校長室だより

６月１８日（金）
第１３号

「心理的安全性」について４

１２号の～「心理的安全性」について３～の続き。

学校は教育の現場ということで、さらに安全性を高めていくことが大切です。二つ目の学校特有の「心理的安全性」。

２　「未来の心理的安全性」は今つくる。

保護者から、

「『前任の先生は、○○してもよい。』と言っていたのに、今回の先生は、『○○してはいけない。』と言います。学校で統一していないのですか？前任の先生の方がよかった。」

というご意見をいただいたことがあります。大変心が痛みました（涙）

保護者がこのように思うことはよいことではありませんし、子供にとっても新しい担任への信頼を欠くことになり、新しい担任にとっては、非常に苦しい状況からのスタートになります。**学校の心理的安全は、全てのクラス（子供たちの心・保護者の心）が安定していることがとても重要なのです。**

このような場合、原因は様々ありますが、原因の一つとして、学校のチームワークの乱れが、このクレームを作る原因となってしまうことがあります。

特にコロナ禍で、学校全体で統一するルールが増えている中、そのルールが統一された指導でないと子供たちも迷い、保護者への愚痴となり、クレームとなるでしょう。誰も、わざとルールを踏み外そうとしているわけではないと思います。しかし、**共通理解の仕方の差や、単学級故になかなか確認ができない等の理由で、指導が一人歩きしてしまう危険性はあります。単学級だからこそ、同一歩調で進むべきところは、確実に同一歩調でいくことが、未来の心理的安全性をつくっていくのです。**

☆「ん？この指導でよかったかな？」と思った時は、すぐに相談・確認をしましょう。

⇒「見えないから、まあいいか。」の指導や行動は、未来の自分や同僚の安全を脅かします。

☆「あれ？ちょっと違う指導みたい？」と思ったときは、すぐに声をかけたり、管理職に報告したりしてください。気付ける仲間（心から信頼できる仲間）だからできることです。

⇒同僚や未来の自分たちの安全を脅かす行為を、見て見ぬふりをする行為は、チーム意識の低い組織に起こります。（８号９号でお伝えした内容）

⇒教えてくれた方には、「言いづらいところ、教えてくれてありがとう！」の気持ちを忘れずに。

☆各校務分掌や管理職からお願いしている内容についても、いつも協力をしてくださり、ありがとうございます。本校は、**皆さんのご協力で、学校の未来の心理的安全性が保たれています。最幸の学校です。**

気を抜いて、次のような組織に陥らないように、お互いに気をつけていきましょう。

【陥りたくない組織】

★ぬるい組織（職場）は、提出物等が期限までに出されない。

⇒仕事にブレーキが掛かる、他社との関わりがある内容の時には、会社の信頼を欠いていく。

★組織の目標に向かわず、社員一人一人が自分仕事をしている。⇒つぶれる会社

心理的安全性の高い話合いで、多くの素晴らしい意見が出ています。

R2

感謝とねぎらい

Relational Well-being《人間関係的》第2法則は「感謝とねぎらい」です。物理学者アルベルト・アインシュタインは次のように言いました。

「人生の生き方には二通りしかない
一つは奇跡など何もないという生き方であり、
もう一つは全てが奇跡のようなものである、という生き方である」

私はタル博士の講義でこの言葉を聞いて、強い感銘を受けました。
私の生活は日々奇跡に包まれていると考えるか、もしくは私の人生に奇跡など何一つないと考えるのか。辛いことが重なった時期の私の思考は前者に近いものでしたが、この話を聞いてからは〝Everything is miracle.〟を実感するようになりました。実際に、今私がこのような本を書き進めていることも、miracleですし、ウェルビーイングの学びと実践を始めてから人とのつながり、仕事関係、プライベートでもmiracleなことばかりです。

私はウェルビーイングの学びを始める前から「できる限りすべてのことに感謝する、常に『ありがとう』と言う」という姿勢を大切にしてきました。ウェルビーイングの学びはこの姿勢をさらに深めてくれていると感じています。ただ、この言葉がけは真心から発露されるものでなければなりません。この〝真心からの発露〟を表現する英語〝Sincerity（誠実さ）、Reality（現実性、実感）、Authenticity（真正）〟を私は理念に据えています。

そして、感謝・ねぎらい・寛容性が心理的安全性においてもとても大事です。

「心理的安全性」のある組織は、構成員の多く

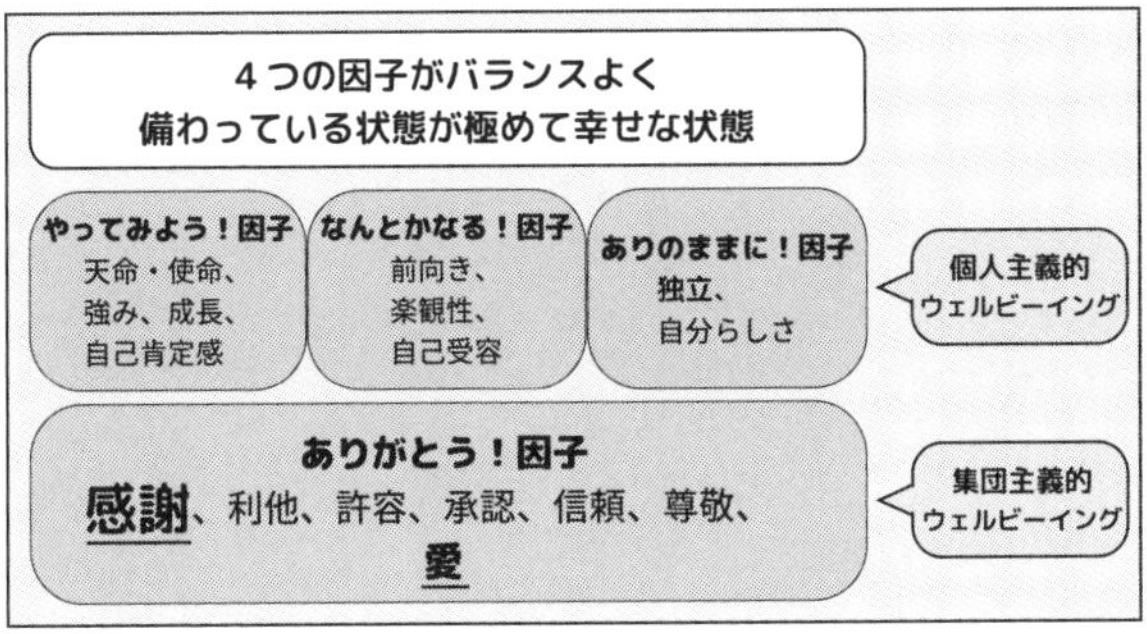
4つの因子がバランスよく
備わっている状態が極めて幸せな状態
やってみよう！因子
天命・使命、強み、成長、自己肯定感
なんとかなる！因子
前向き、楽観性、自己受容
ありのままに！因子
独立、自分らしさ
個人主義的ウェルビーイング
ありがとう！因子
感謝、利他、許容、承認、信頼、尊敬、愛
集団主義的ウェルビーイング

出典：前野隆司『幸せな職場の経営学』（小学館）53頁の図をもとに一部加除修正して作成

図表5−2　個人主義的ウェルビーイングと集団主義的ウェルビーイング

に「感謝」の気持ちが根付いていることもわかっています。忙しさや、自己中心の考えの増幅等により、感謝の気持ちを忘れないよう、その気持ちを表現することを習慣化していくことが効果的です。

(1) 日々の言葉がけ

私は、さまざまなことに感謝を感じています。素直に感謝・ねぎらい・称賛の気持ちを表現することを大切にしています。それは、2011年の東日本大震災の時、そしてそれ以降の年月、私に訪れたさまざまな試練の中から生まれた自然な感情や思考の流れの中で、すべての人、物、出来事、そして今生きていることに感謝すべきであると強く感じるようになったことから始まりました。

私は日頃どのように感謝を表現しているのか、自分なりに振り返ってみたところ、以下の4つの発信方法を主に使っていることに気づきました。

①朝と放課後に直接声かけ

・行事などが終わったら、その日のうちに、担当の先生にすばらしかった部分、成果として見えたことを具体的に話しています。

②職員集会・職員会議

・行事の後などに具体的に、教職員の頑張り、指導のすばらしさ、成果、外部からの声等を届けるようにしています。

・行事等でリーダーシップを取って動いていた教職員に、全員で拍手を送っています。

③校長室だより

・不公平感が出ないように、一人ひとりのすばらしさを紹介しています。

・教室訪問をして気づいた、日々の小さな、でも素敵な気づきについてトピックスとして取り上げています。

④学校だより（ホームページ）

・平北ニュースをとおして、教職員の日々の頑張りを保護者や地域の方々へ広げています。

また、外からの声を教職員に届けています。

このように私が活用できるリソースをフル活用して、教職員の頑張り、チャレンジを称賛し、またサイレントヒーローの顕在化に努めています。

⑵ 感謝を伝える言葉を発することが当たり前になるように

①帰りのあいさつ

「お疲れさまでした」という言葉に代えて、よりストレートにみんなにありがとうと伝えたいと思っています。そのため、すべての教職員に向けて「先生方、今日も一日ありがとうございました」と全員に一礼して帰っています。これには次の意味を込めています。「今日も一日先生方のおかげで子どもたちがケガもなく、笑顔で一日を過ごすことができました。このことは、校長にとって本当に幸せなことです。本当に心から感謝します」。

教職員は最初驚いていましたが、現在では多くの教職員から「ありがとうございました！」と気持ちよいあいさつが返ってきます。教職員もお互いに「今日も一日、共に働いてくれてありがとう」という気持ちで「ありがとう」とあいさつが交わせるようになるといいな、と思っています。

また、本当に労を必要とした行事の日などは「先生方、お疲れさまでした。ありがとうございました」と言葉を添えます。

②感謝のワーク

学期の終わりに、10分時間を確保して、感謝のワークを行います。ペアになって対話をし、その中で相手に感謝を伝え、その後全体でワークを行った感想をシェアします。構成的グループエンカウンターの手法を取り入れて行っているものです。感想のシェアでは「自分が役に立っているのかどうかわからなかったけれど、役に立てているとわかって嬉しかったです」「頑張ってきてよかったと思いました」「見ていてくれる人がいることがわかって嬉しかった」等の声が聞かれました。

学校だより　令和3年12月号

広がる笑顔の繋がりに感謝　繋がりは感謝から生まれる

野鳥の広場の木々も葉を落とし、すっかり冬を迎える準備をしています。寒い日が増えてきましたが、子供たちは休み時間元気に身体を動かして遊んでいます。11月中は児童会が中心となって「思いやり週間」として、活動を行いました。子供たちの思いやりの行動の記録が、昇降口付近のポスターにたくさん集まりました。これからも思いやりの心をもち続けてほしいと思います。

保護者地域の皆様には、11月も本校の教育活動にご理解ご協力をいただき誠にありがとうございました。11月を振り返ると思いやりの心と共に「繋がり」が広がった月であったと感じております。その繋がりの一部をご紹介させていただきます。

繋がり1　笑顔が繋がった除草活動　そのパワーを6年生の陸上競技大会記録会へ！

11月13日(土)にPTA主催で、校庭の除草作業を行ってくださいました。そこには地域の方々、学校開放でお世話になっている方々、本校児童、職員が集まり70名以上の方が参加してくださいました。地域の方々では、丸山団地の手塚さん、大野さん、鹿野内さんが参加してくださいました。また、スポーツ少年団の方々の中には、「いつもお世話になっていますから」と他校の保護者の方々も集まってくださいました。快晴の秋空の下、秋の風が心地よく、作業ができました。

皆様との繋がりで、学校がきれいになり、子供たちの笑顔が溢れる学校へとさらに成長していくのだと実感しました。一緒に作業をする中で、また新しい繋がりもでき、参加者の皆様の笑顔も繋がっていくのを感じました。人と繋がることの素晴らしさを、大人が体現することは、子供たちにとって最高の教育環境になります。自主的に参加してくれた6年の子たちもいて、素晴しいなと感心しました。

29日には、6年生の陸上競技大会記録会が行われました。6年生は保護者・地域の方々のこのお気持ちに感謝しながら、全力で頑張ることができました。本当にありがとうございました。

繋がり2　4年生とニュージーランドの大学生の交流会

11月12日(金)に、4年生とニュージーランドの大学生とのオンライン交流会を実施しました。

これは、総合的な学習の時間に、子どもたちが外国のことや日本のことについて調べていた中、「外国の方に直接質問をしたい！」という希望があり、そして担任の熱意もあり、それを実現させたものです。友人の荻野雅由さん(カンタベリー大学教授)が、日本語を学んでいる学生さんたちと繋いでくださり、実現することができました。

一人一台の学習者用端末を活用し、少人数トークにもチャレンジしました。子どもたちは、ニュージーランドの話を聞いたり、日本について紹介したりしました。始めは緊張していた子どもたちも、知っている英語や、ジェスチャーを交えて一生懸命思いを伝えていました。学生さんたちがとても優しく対応してくれ、最後には、どのグループも子どもたちの目がきらきら輝き、笑顔で溢れていました。

私と友人の繋がりが、子どもたちと学生さんたちの繋がりへと広がり、笑顔の繋がりはオンラインの力を借りて、海をも越えました。

皆、とても幸せな気持ちになりました。この素晴らしいご縁とつながりに感謝です。(この活動は11月27日の埼玉新聞にも掲載されました。)

地域の方との繋がりに感謝する　12月

このように、本校では今、様々な繋がりが生まれ、広がり、笑顔を増やしています。そのベースには感謝の気持ちがあります。

(3) 学校関係者とのつながり

学校は教職員と児童で構成されていますが、現在、コミュニティ・スクールとなった本校のシステムは学校・家庭・地域の３つの円で構成され、子どもたちはこの３つの円の中で育っていきます。

・学校：教職員
・家庭：ＰＴＡ・保護者
・地域：学校運営協議会メンバー・地域の方々

この全員で子どもたちを育てていくことが必要不可欠です。この３つの円の重なりが大きくなっていくと、子どもたちにとって「心理的安全性」が高くなり、一人ひとりの子どもが幸せで、自分の力を限りなく伸ばすことのできる最高の教育環境となります。三重に子どもを守っている感じ、とてもいいですよね。

私が本校に赴任した際に、「この円の距離をもっと近づけたい」と感じました。円の重なりが大きくなり、３つの円の間で共通理解があれば、何か問題が起きても揺るがない自信がもてます。

PTAとのつながり

赴任してまず私はPTAとのつながりを強くしようと、具体的に次のようなアクションを取りました。

・コロナ禍ではありましたが、極力PTA会長、副会長との対話の機会をとり、共通理解に努めました。

・PTA常任委員会で私の想い、学校の様子を丁寧に、裏表なく、笑いを含めながら笑顔と一緒に伝えました。

・学校運営協議会でPTAの頑張りをアピールしました。

・学校だよりでPTAの活動を周知しています。この結果、PTA活動に関心が薄かった保護者の何名かがPTA楽しそう！と感じてくれるようになったそうです。

・「楽しく、負担感なく、保護者の方々のウェルビーイングも大切に考えてPTAを運営していただけたら嬉しい」と伝えました。

※令和4年度は、保護者の方々にウェルビーイングをもっと広げていくという目標を立て、PTA常任理事会や新入生保護者説明会等でウェルビーイングの考え方について詳しく説明しています。

こういったアクションが功を奏したのか、前述した草取りやリサイクル活動の参加者、活動範囲が広がりました。また、ＰＴＡ組織改革案が作成されましたが、これにも変化が出始めています。当初の提案資料には「○○廃止」という言葉が多かったのですが、特に令和３年度は「感謝の気持ち」「もっと楽しく」という言葉が入るようになりました。

不要な物事の廃止ももちろん大切です。一方で感謝・楽しいというポジティブな感情表現が改革案に含まれたことで、保護者のＰＴＡに対する気持ちもポジティブに変化していくことと思います。そのことに気づき、活動してくださっているＰＴＡ会長をはじめ、役員の方々に感謝です。

地域とのつながり

地域との関係の強化は、主に学校運営協議会の方々との対話を密にすることで図ってきました。学校運営協議会では、前述した登校時刻の変更（8時15分に変更）の話合いの際、「それでは仕事に間に合わない！」という反論が保護者から出るだろうと想定しました。また、スクールゾーンで旗振りをしていただいているのも保護者の方々でしたが、そのうち何人かはこの変更で旗振りが時間的に難しくなるであろうと想定しました。

こういった議論の中で、私たちを肯定してくれる意見も出ました。

「では先生方の子どもは置き去りでもいいのか。先生たちにも家庭がある」

「30分繰り上がっている先生方の勤務代はどうなっているのか」

「サービス残業で先生が犠牲になればいいのか」

このような話合いの結果、地域の方から「じゃあ俺らが立つか！」というとても心強いお言葉をいただきました。「本当ですか？」「できるかどうかわからないけど声かけしてみますよ」と。そして、学校運営協議会委員の皆様のご尽力で、それが実現しました。

現在、雨の日も暑い日も毎日、地域の方々が朝、通学路に立ち、保護者の方と一緒に旗振りをしてくれています。ＰＴＡの方々は「本当にありがとう！」と感謝の気持ちを表しています。さらには、「保護者の方と話ができる機会ができていいね」「地域のつながりが少しずつできてきそうだね」などと前向きな意見をいただいています。

一方で、残念ながら保護者の中には「地域の方が勝手にやってるんだよね」と、活動に無関心な方がいるのも事実です。地域の方のすばらしい思いがこれからも伝播するよう、私は学校だよりで周知を続けていきます。

この地域の方々とのつながりが保護者に響き、子どもたちと一緒に通学路を歩く取り組みを行ってくださる方が現れ、そして、横断歩道を渡る時に旗振りの地域の方に感謝のあいさつをしてくれています。

また、ＰＴＡから、学校のキャラクター「ひらっきー」の絵がついているお手製のマスクを、旗振りをしてくれている地域の方にプレゼントしたということもありました。地域の方は、このことをとても喜んでくださいました。つながりが仲間意識へと変わっていく素敵な取り組みだなあと、私もとても嬉しくなりました。

このように、利他的な活動が確実に保護者と地域の距離を縮め、子どもたちにとってもウェルビーイングな環境へと変化していることを感じています。

学校・保護者・地域の３つの円が近づき、重なっていく、それが私の赴任時の夢でした。それが実現しつつある今、私はとても嬉しく思っています。

〈地域・保護者からの声〉

学校運営協議会に、元校長先生（矢島様）がいます。地域の問題、高齢者の多さ、活力のなさから、このままでは地域が衰弱してしまうという危惧をもっておられ、現在、朝スクールゾーンに立ち、旗を振ってくださっています。子どもたちを見て、日々元気になられているそうで、「本当にありがとう。僕も習慣ができて、子どもたちからもパワーをもらっているよ」というお言葉をいただき、私はとても感銘を受けました。

令和2年度のＰＴＡ会長さんは、地域の顔がよく見えないと言われていました。「顔が見えないのは僕たちの問題でもあると思っています。ただ、地域全体でリサイクル活動に取り組んでも、どの家にお礼に行っていいのかわからない。リサイクルのために場所を貸していただいたにもかかわらず、貸してくださった方との面識がない。これは問題と感じています」と。そのことをしっかり次期会長に引き継いでくださいました。

令和3年度のＰＴＡ会長さんは、地域の方々とのつながりに「やっぱりつながるっていいものですね」と言ってくださり、また、「近隣地域では最近空き巣が多いですが、うちの学区は空き巣被害がほとんどありません。これは地域がつながっていることが地域全体にも見えるようになり、抑止力になっているのではないかと僕は思います」「このようなつながりが学校から生まれてきたこともすばらしいと思います」と言われていました。

私は「会長さんが、頑張って地域の方々にお声がけくださったり、感謝の気持ちを伝えてくださったりしたおかげです。本当にありがとうございます」と感謝の気持ちを伝えました。つながりのベースにはいつも感謝の気持ちがあります。令和4年度の会長さんも、「自分にできることを頑張ります」と、一生懸命活動してくださっています。

6章

Emotional Well-being
——豊かな感情を育む

E1 笑顔あふれる学校

Emotional《感情的》 Well-being 第1法則は「笑顔あふれる学校」です。めざすのは、子どもたちも教職員も管理職も、皆の笑顔があふれる学校です。

まず私がそれを体現する、これを大切にしています。また、Relational《人間関係的》 Well-being で述べましたが、心理的安全性の高い職場で教職員がいきいきと笑顔で働くことができ、心理的安全性の高い教室で子どもたちの笑顔が開花します。穏やかな笑顔、大きな笑い、知的好奇心が満たされた時の笑顔。子どもたちのさまざまな笑顔の花が咲きほこるよう、教職員が学級づくりや体験活動の実施に取り組んでいます。

(1) 豊かな体験活動

令和2、3年度。この2年間は、コロナ禍で多くの学校の体験授業が中止となりました。

一方で、本校は入念な事前対応を行い、「やってみよう！」因子を発動しました。もちろん健康はとても大切です。そのため、感染防止対策を万全にして体験活動ができるように努力してきました。以下に修学旅行での取り組みを記載します。

✿修学旅行実現に向けた取り組み（令和2年度）

・保護者説明会を丁寧に実施しました。図表6－1に説明会で使用した資料の一部を紹介しますが、内容が伝わりやすいように、写真入りで視覚的に説明することを心がけました。
・バスは1人2シートを確保。これにより若干予算が増えましたが、その点は保護者にご承諾いただきました。
・バスの中で会話を極力控えつつ楽しむために、教職員にしゃべらなくても楽しめる活動を考案してもらいました（○×ゲーム等）。
・旅館は2人1部屋と少人数にしました。
・お風呂も2人ずつ入るよう、時間調整をしました。
・消毒を徹底しました。

・食事は対面にしない、しゃべらないことを徹底しました（広い旅館、時間分割、パーティションの利用など）。

・下見で消毒場所やコロナ対応の状況を細かく確認しました。

・2ヵ月前から健康チェックを実施しました。

こういった対応を積み重ね、100％の保護者の方々に同意をいただき、修学旅行は実現しました（**写真6－1**）。修学旅行によってコロナに感染した児童は皆無でした。

同様に、林間学校も実施することができました。

図表6－1　保護者説明会で使用した資料の一部

令和2年10月6日「校長室だより」より

■写真6－1　修学旅行の様子

✿ つながりが生んだ体験活動

①吹奏楽団の招致

吹奏楽五重奏で有名な、吹奏楽団「風の五重奏団」の招致を実現することができました（**写真6－2**）。これは、前任校の町でお世話になった方とのつながりから実現しました。子どもたちにとって、生の楽器演奏を聴く貴重な体験となり、とても学びになる音楽鑑賞の機会となりました。

■写真6－2　吹奏楽団の招致

②4年生児童とニュージーランドの学生のオンライン交流会

「私たちが調べた日本の文化やよさを外国の方々に伝えたい！」という総合的な学習の時間に生まれた子どもたちの願いを、担任の強い願いと意思とともに実現したものです。

協力してくださったのは、私の友人で、ニュージーランドカンタベリー大学教授の荻野雅由さんです。現地で日本語を学んでいる学生さんにお声がけいただき実現しました。一人1台端末を有効活用し、学生さん1人と児童2人という小グループでオンライン越しに対話をすることができました。習いたての英語やジェスチャーを駆使してなんとか自分の思いを相手に伝える体験、そして伝わった時の喜びを感じる体験ができました。

最初は緊張していた子どもたちも、最後は日本のアニメやゲームの話で盛り上がり、笑顔があふれていました。子どもたちにとってたいへん貴重な体験になりました。このことは、担任の主体的で熱意のある指導、そして幸せの連鎖、人とのつながりから実現できたことであります。

※このことは、令和3年11月27日付『埼玉新聞』にも掲載されました。

(2) 心理的安全性のある学校・学級づくり

Relational Well-being（R2：感謝とねぎらい、162頁）をご参照ください。

■写真6－3　ニュージーランドの学生とのオンライン交流会

(3) 学校だより・校長室だより

学校だより、校長室だよりで、私は笑顔というキーワードを多用するとともに、たくさんの子どもたち、教職員の笑顔を届けています。本書のいたるところで学校だより、校長室だよりを掲載していますので、ここでは省略します。

(4) EmmyWash(エミーウォッシュ)

EmmyWashは写真6－4のような装置です。この装置はAIで笑顔を検知します。装置の前に手をかざし、にこっと笑顔をつくると、かわいい声で「笑顔をありがとう!」とお礼の言葉を発し、アルコール液がぷしゅっと噴出され、アルコール消毒できるという仕組みです。まさに「笑顔」とコンセプトがマッチした装置なのですが、この装置の導入にもつながりがありました。また、1回につき0・5エミー(仮想通貨)の寄付ができ、10万エミー貯まると、EmmyWashを1つ、学校関係機関に無償で届けることができるという仕組みになっています。

笑顔になれて、消毒ができて、誰かのために役に立つことができるというすばらしい企画なのです。本校では、職員室や教室・事務室に順番で設置して笑顔の意識を高めています。

この装置についても、私の友人が紹介してくれたものです。特に子どもたちがマスク生活の中で笑顔をつくることが少なくなってきたのではないかと心配していたところ、このような素敵な企画を教えてくださいました。これも人とのつながり、幸せの連鎖ですね。

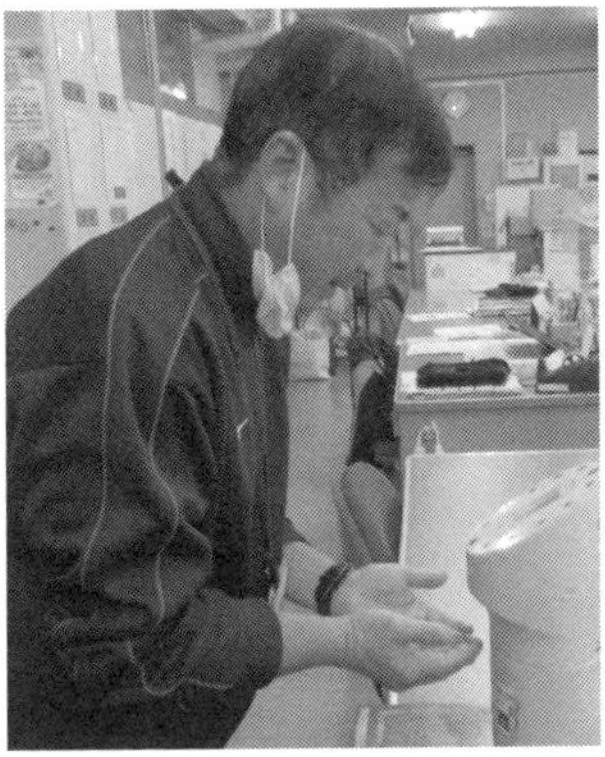

■写真6－4　EmmyWash

E2 豊かな心の動きを育む

Emotional《感情的》 Well-being 第2法則は「豊かな心の動きを育む」です。自然と触れ合う、読書に勤しむ、思いっきり遊ぶ、深く学ぶ、貴重な体験を重ねる。こういった多様性に富んだ体験の積み重ねが子どもたちの豊かな心を育みます。

また、本校では道徳の授業の充実を図り、児童がよりよい生き方について考え、その中で自分を知り、主体的に考えをもてるよう導いています。また、全教育活動において、児童が主人公になれる教育を行うよう努めています。

(1) 自然との触れ合い

Spiritual Well-being（S－Ⅰ：自然と触れ合う環境づくり、70頁）をご参照ください。

(2) 道徳教育の充実

私の教員生活30年は、常に道徳と共にありました。私がウェルビーイングな学校づくりを展開した背景には、日本の道徳教育があります。ウェルビーイングは持続的な幸福感のことをさしますが、〝Well〟〝being〟で「よいあり方」が語源です。日本の道徳教育はまさに「よいあり方とは何か」を「考え議論する」もので、とても大切な学びであると考えています。

赴任した初年度、教職員には年度開始時に、道徳に関しては私自身、自己評価シートの達成目標に【年1回以上、すべてのクラスの道徳の授業を評価し、教員にフィードバックする機会をもつ】という目標項目を入れたことを伝えました。普段仕様で行っている授業の指導力向上を図るのがねらいですから、必要以上に改まったり、作り込んだりせず行えるようにしました。

そうしたところ、半年ですべての学年で1度目を終え、11月には2度目、3度目の学年も出てきました。「校長先生、もっと見に来てご指導ください」「ここをこのようにしようと考えたのですが、どうでしょうか」というように試行、チャレンジする教員の姿がありました。令和3、4年度は主体的に「校長先生見に来てください。ご指導ください」と教職員のほうから申し出が出てくるようにもなりました。

日常の学級訪問ではあまり細かいポイントはチェックせず、全体性を大切にしていますが、この道徳授業参観に関しては丁寧に参観し、しっかりと時間をとってフィードバックしています。ポイントは、
・道徳的価値への方向づけがなされているか
・児童に自分ごととして考えさせているか
・考え・議論する活動を設定しているか（児童一人ひとりがじっくり考える時間の確保や意見を出し合う活動を行えているか）
・多面的・多角的に考える場面を設定しているか
・振り返りでは、自分を見つめる時間の設定がされているか
・児童の言葉で考えをもてているか（教師の価値の押しつけになっていないか）
等々であり、私はよかったところ、一緒に考えるところ、アドバイスすべき点を中心にメモを取り、フィードバックしています。

道徳授業を何度か観察していく中で、先生方の授業のファシリテーション、プロデュー

スがたいへんうまくなってきていると感じています。

授業評価以外の取り組みとしては、

・校長室だよりに道徳授業のポイントを掲載しています。

・道徳教育推進教師に、校外の専門的な研修や他校の研究発表会に参加し学ぶ機会をつくっています。

このように道徳に関しては一緒に学び、大事なポイントの導きを行っています。

〈ある日の教職員の姿〉

「僕のつたない授業だけど、見に来ないか？」と若手教員をさそい、道徳の校長授業参観にチャレンジしたミドルリーダーの教員がいました。放課後の振り返りの時間には自主的に若手２人も参加し、一緒に授業の振り返りを行うことができました。

これも、教職員の自主的な研修の場となり、「皆で伸びよう！　力をつけよう！」という気持ちが伝わってきて、校長としてとても嬉しくなりました。

道徳の授業を充実させることで、子どもたちの心が耕され、よりよい生き方を自分の力で考える力をもつようになります。授業の中で心をたくさん動かすことで感情の動きの充実感を味わうことができ、豊かな心を育みます（Emotional Well-Beingを高める）。

また、教師にとっても、道徳的価値について子どもたちと一緒に考えることで、大人として自分の心に向き合うよい機会となります。教師自身のEmotional Well-Beingを高めます。

(3) 読書活動の推進

読書は心を育む大切な機会です。共通理解として、「登校したら朝の準備を済ませた児童から読書をする」「本を心から楽しんで読めるように、本に興味をもてる活動の工夫等をする」ことを伝えています。

言語の習得は、「聞く」→「話す」→「読む」→「書く」の順と言われています。習得の始点である「聞くこと」。たくさん聞くことで、豊かな日本語を覚えることができると私は考えています。一方で、今の子どもたちは、正しい日本語、美しい日本語、豊かな日本語、感情を表す日本語などを十分に聞く機会が日常生活の中で少ないと感じています。ゲームに多くの時間を費やしていたり、家族が忙しく十分な会話の機会が少なかったり。

特にこの2年間は、コロナ禍の影響で家族以外の人との会話も減っています。子どもたちの言語発達の面から見ても、今まで以上に本に触れ、文字に触れ、視覚からも聴覚からも「言葉」を意識した環境をつくることがとても大切だと考えています。

今まで、どれだけ本を読み聞かせしてもらっていたかを1年生のクラスに聞いてみたことがあります。とても驚いたのですが、『桃太郎』を読んでもらったことがある子は30％しかいませんでした。『浦島太郎』は18％、日本の伝統的な絵本、昔話を今の子たちは知らないことがわかりました。

そこで本校では、令和3年度から週に1度、昼休みに学校図書館支援員さんによる読み聞かせを行っています（**写真6－5**）。子どもたちに物語や本に興味をもつ心が芽生えることを期待しています。

また、読書月間の給食の時間には、校長が校内放送を使って読み聞かせをしました。『桃太郎』『浦島太郎』『ブレーメンの音楽隊』を読みました。やってみて意外な反応があったのが、教職員でした。「浦島太郎ってあんな話だったのですね」と、大人になると忘れていることや、意外と意味の深い物語であったり、時代背景や地域による伝承の違いが隠れていたりすることなどに気づき、会話がはずんでいました。物語に触れ、共有できるということから、さまざまな感情の動きが見て取れました。

■写真６－５　読み聞かせの様子

終章

「ウェルビーイングな学校づくり」の現在地とこれから

本章では、令和4年度10月時点までの現在地、そして今後めざすところについてお伝えします。

(1) 令和3、4年度の実績と現在地

本校でウェルビーイングの考えを取り入れ、チームで学校運営に取り組んできたことで、教職員の主体性が高まり、さまざまな場面で今まで以上にエネルギーを感じられるようになりました。**「先生方が幸せで、主体的に生き生きと働く職場であれば、子どもたちのウェルビーイングも高まり、子どもたちも幸せで、生き生きと活動できる」**。そのことが実証できてきたのではないかと思います。

〈主な実績〉

○児童「学校が楽しい」98%（令和4年〈R4〉10月児童アンケート）

○歯科治癒率の向上　令和2年度（R2）：80%⬇令和3年度（R3）：95%

○朝食摂取率の向上　R2：87・8%⬇R3：97・4%

○学力向上（県・市学力状況調査、5・6年生）R2：72・3％➡R3：85％
○保健室利用率が半減 R2：426件➡R3：256件
○欠席ゼロ人の日数 R2：29日➡R3：55日
○職員「自身のウェルビーイングが上がった」95％（R4職員アンケート）
○職員「（職場における）ストレス無し」97％（R3ストレスチェックシート）
○職員「自分の提供する教育に自信がある」93％（R3職員アンケート）
○職員「自分の強みを理解している」95％（R4職員アンケート）
○職員の健康診断結果（R3） 改善項目16箇所（血圧値が正常になった方が多い）
➡数値低下項目6箇所（血糖値、コレステロール、脂質）（**図表2**）

本校では、業務改善においてもボトムアップ型をとり、意識改革をベースに実践しています。強制的に行うことは極力避け、自分のライフスタイルや家族との協力体制をうまくコントロールして計画的に改善していくことの大切さを伝えています。Physical Well-being（健康）が幸せに大きく関わることを意識したことで、早く帰ることへの抵抗感はなくなってきました。早く帰る人も後ろめたさを感じずに帰れるようになりました。勤務時間削減も実現させながら、教育効果を高めることができる、「時間対効果」を考えた改善、それが本校の業務改善です（図表3）。

学力を伸ばした児童の割合（昨年度結果比）

令和３年度		
5年生	本校	79.0%
	県平均	77.2%
6年生	本校	92.6%
	県平均	76.3%

（令和３年度埼玉県学力・学習状況調査結果から）

令和４年度		
5年生	本校	86.1%
	県平均	62.5%
6年生	本校	85.8%
	県平均	72.2%

（令和４年度埼玉県学力・学習状況調査結果から）

図表１　著しい学力の向上

令和３年度健康診断結果　昨年比

名前	血圧	心電図	血液一般	尿一般	脂質	腎・肝機能	糖代謝	心臓血管系	皮膚疾患	視力	血管年齢
A先生	↑↑										
B先生	↑										
C先生	↑↑		↑	↑	↑	↓↓					
D先生	↑↑										
E先生	↓		↑								
F先生		↑↑			↓		↓↓				
G先生				↑							
H先生					↑				↑		
I先生					↓	↑↑		↑↑			↑
J先生		↓									
K先生						↑					

改善した項目：16／悪化した項目：6
※令和４年度は改善した項目17／悪化した項目：4

図表２　教職員の健康も改善

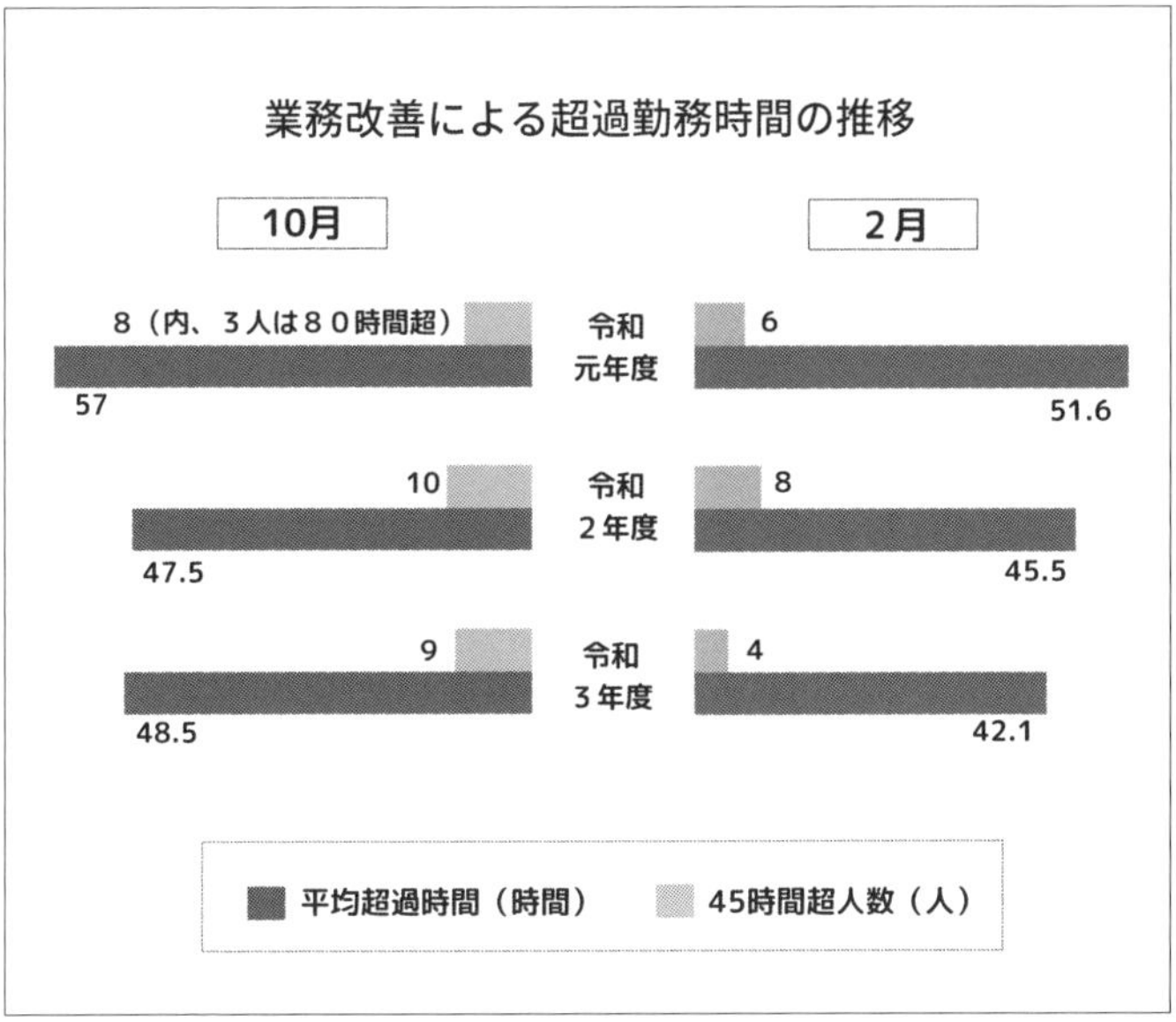

図表３　時間対効果を考えた業務改善の結果

⑵ SPIREアンケート

令和３年12月と令和４年10月に、本校全教職員にSPIREを聞くアンケートを実施しました。Whole-beingとSPIREについての質問を行っています。

その結果の主なものについて、次頁以降に記載します。

※令和４年の結果を中心に、項目によって令和３年のものも記載しています。

W 1　本校はウェルビーイングな学校と言える

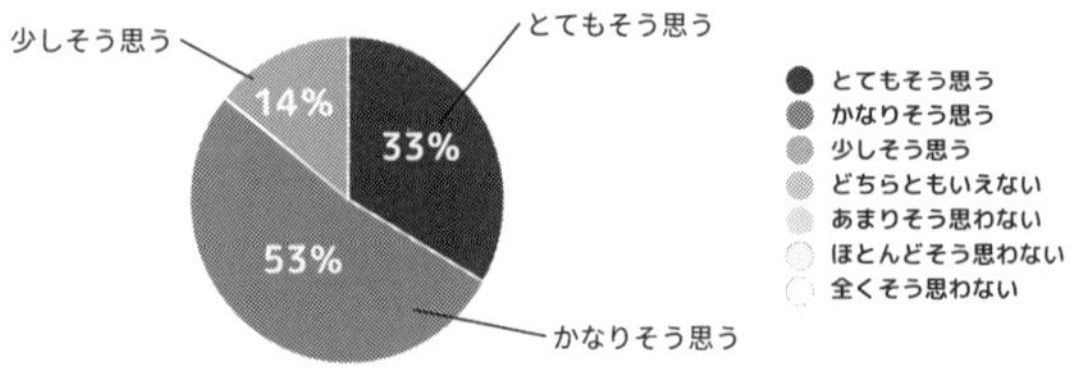
少しそう思う
とてもそう思う
14%
33%
53%
かなりそう思う
とてもそう思う
かなりそう思う
少しそう思う
どちらともいえない
あまりそう思わない
ほとんどそう思わない
全くそう思わない

（回答21件）

100%の教職員が、本校を「ウェルビーイングな学校」と感じていました。これはたいへん嬉しいことであります。一人ひとりの心のあり方（Being）で組織全体も変化してくることがとてもよくわかります。人間ですので、ウェルビーイングを保つことが難しい時もあると思いますが、他のメンバーがウェルビーイングな状況であれば、支え合い助け合うことができるのです。困ったときには助け合っている本校の先生方のあり方が、子どもたちの姿に反映されています。

W 2　「ひらっきーのひみつ」を子どもたちに意識させている

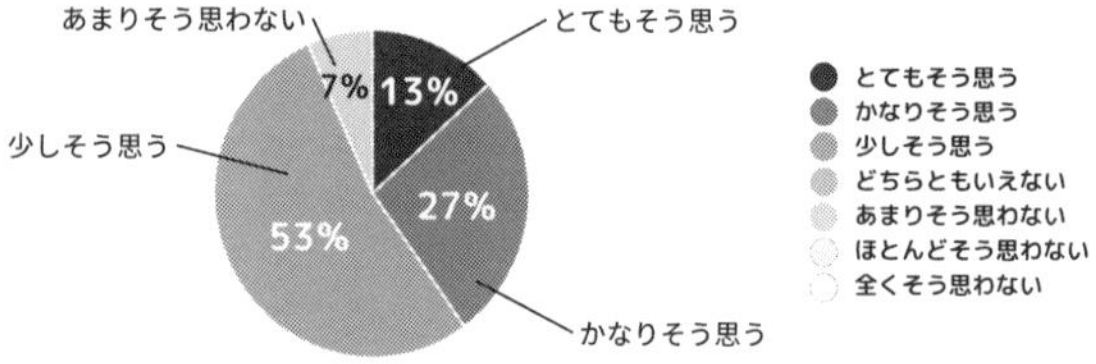
あまりそう思わない
とてもそう思う
7%
13%
少しそう思う
27%
53%
かなりそう思う
とてもそう思う
かなりそう思う
少しそう思う
どちらともいえない
あまりそう思わない
ほとんどそう思わない
全くそう思わない

（回答15件）

93%の教職員が「ひらっきーのひみつ」を意識させているとの回答でした。多くの教職員が日頃から「ひらっきーのひみつ」を活用して子どもたちに心のあり方を意識させていることがわかりました。「ひらっきーはこんなひみつを教えてくれているよ。みんなはどう思う？」等というソフトな意識づけや活用を心がけています。職種によって直接子どもたちへの働きかけができない職員もいますが、事務室にもポスターを貼るなど全校での一体感を出しています。

W－(1)　ウェルビーイング・SPIREの意味を理解できている

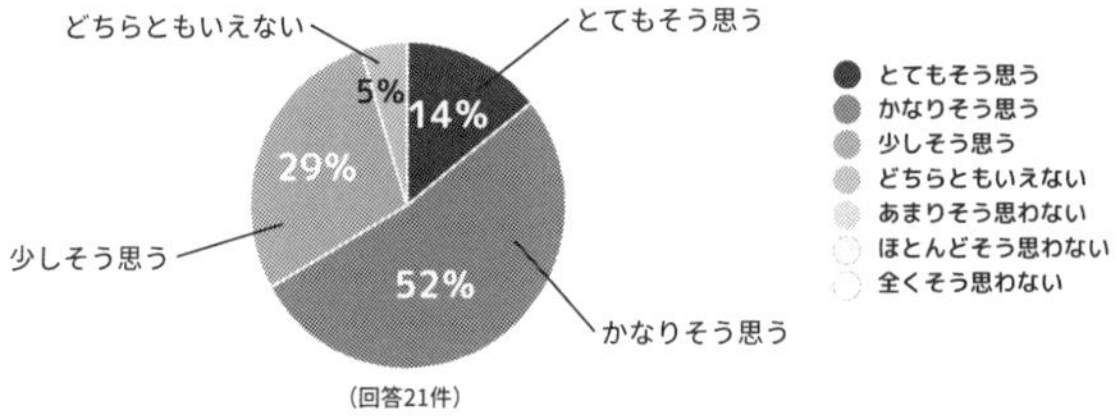

「少しそう思う」以上が私の期待値であれば95％でほぼ満足なのですが、私はウェルビーイング・SPIREの共通理解は「とても・かなりそう思う」であってほしいと願います。その点では次年度はより深い理解を得られるように頑張りたいと考えています。これも、押しつけになってはよい効果は出ないと思われるので、体現していき、結果を出していくことが何よりも大切です。

W－(2)　学校グランドデザインの内容を理解できている

W－(3)　学校グランドデザインにおける自分の役割を理解できている

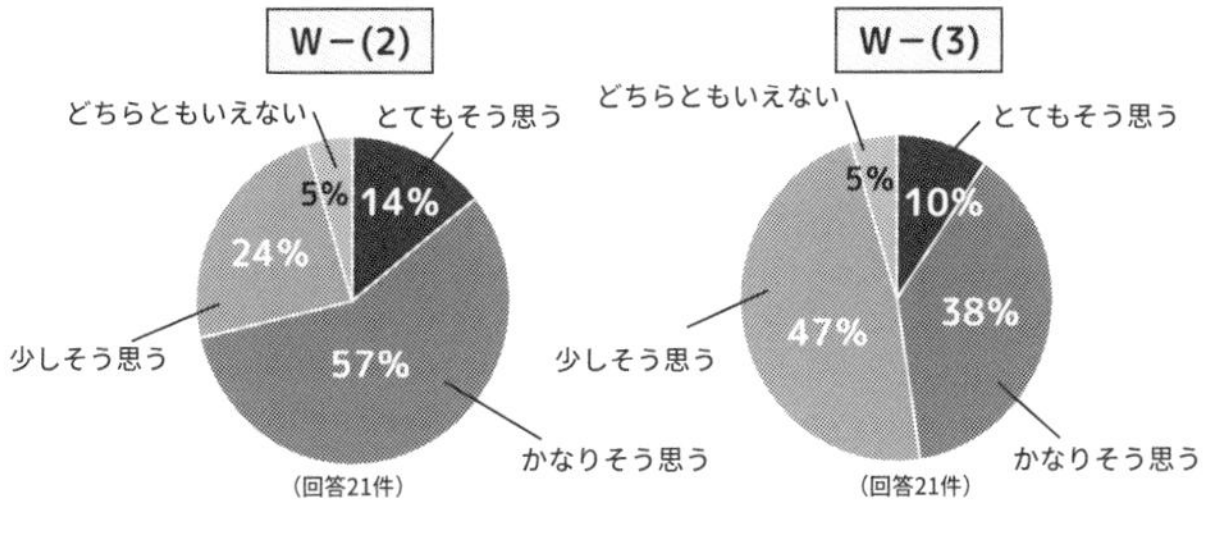

グランドデザインは、いわば学校の進むべき道を示す羅針盤です。95％の教職員がグランドデザインの内容や、内容における自身の役割を理解していると実感しているのはとても嬉しく感じましたが、これもより多くの職員が「かなりそう思う」と実感できるようさらに取り組んでいく必要があると感じました。

W－(4)　今年１年自身のウェルビーイングは上がったと思う

W－(5)　今年１年子どもたちのウェルビーイングは上がったと思う

W－(4)

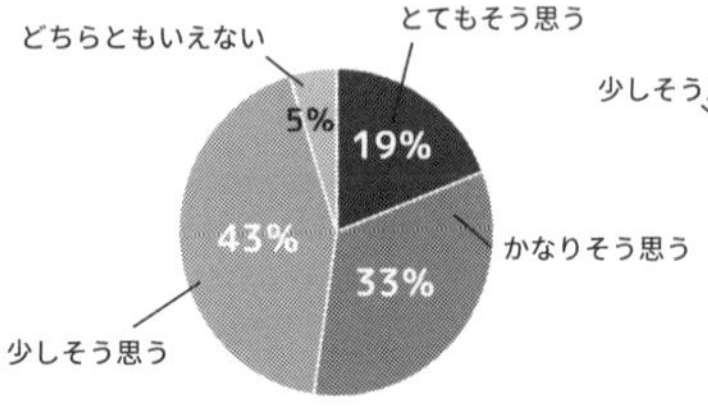

（回答21件）

W－(5)

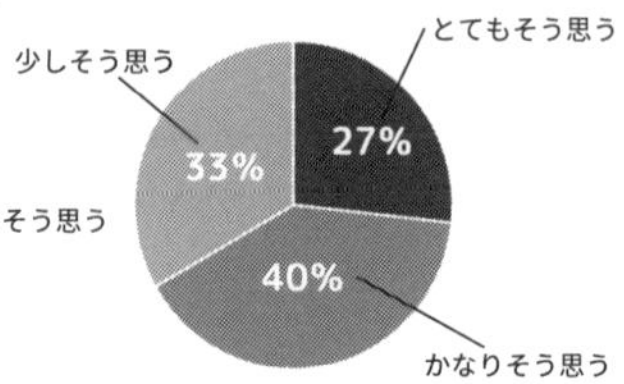

（回答15件）

この指標は前年度との比較であり、95%の教職員自身、そして100%の子どもたちのウェルビーイングが少しでも上がったと感じていました。前年度は教職員85%、子どもたちは94%で、さらに「あまりそう思わない」と回答した方もいましたので、１年で改善が見られたことをとても嬉しく思います。

S－(1)　自分は学校全体の役に立っている

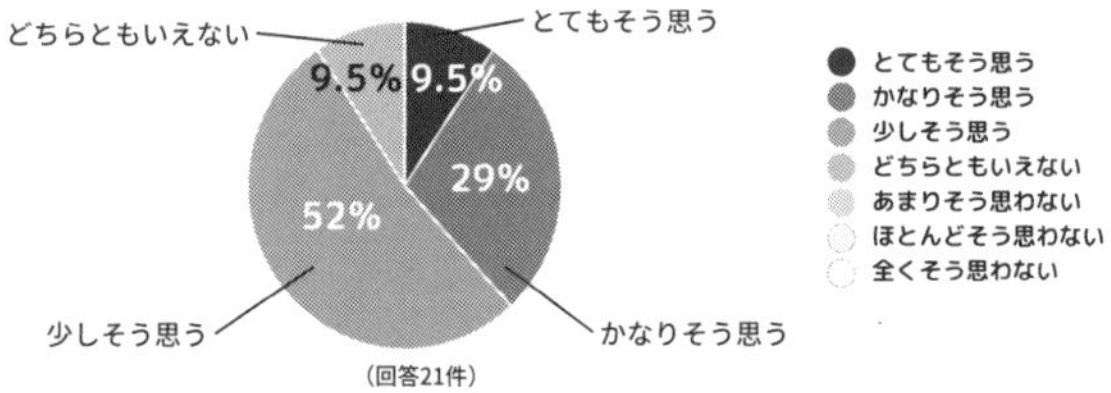

（回答21件）

この項目は自己有用感を問う質問ですが、90%の教職員がある程度自己有用感を感じているという結果となりました。校務分掌と教職員の強みをマップするよう心がける適材適所の配置が、どの程度効果があったのか、この結果だけでは測りきれませんが、次年度以降も教職員の強みを考慮し、どんどん力を発揮してもらえるよう努めていきます。

S−(2)　自分の提供している教育の質に自信がある

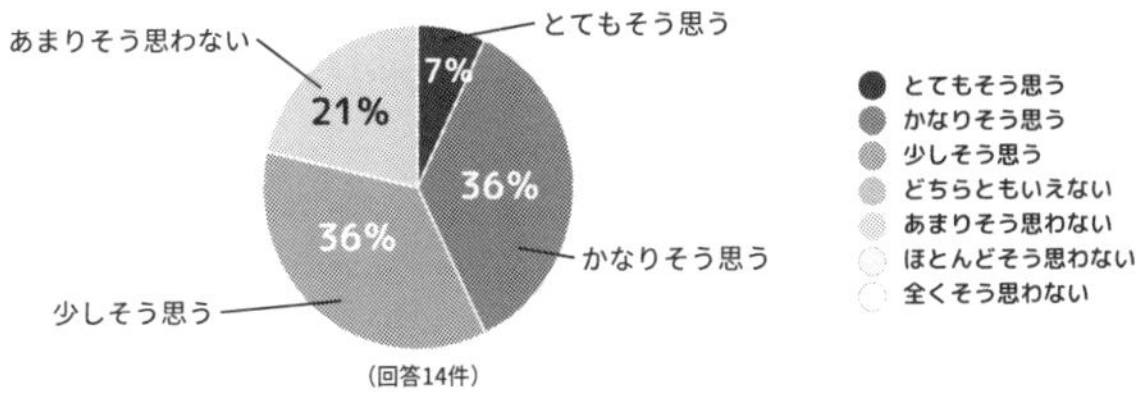

80%近くの教職員が「教育の質に自信がある」との答えでした。今年度は新任の先生が増えたため、昨年度（93%）より割合は少なくなりましたが、それでも８割の教職員が教育の質に自信をもっていることに頼もしさを感じ、心強く思いました。皆で進めている校内課題研究も、日々内容が濃くなり、実践に結びついていることが、教職員の指導力を高めていると実感しています。今の好循環を大切に、より教職員の自信が深まるよう、自主性を重視しつつ、適切な研修のアサインやフィードバックなど、私ができる貢献に努めていきます。

S−(3)　自分の教職・職務における強みを理解している
S−(4)　自分の教職・職務における強みを発揮できている

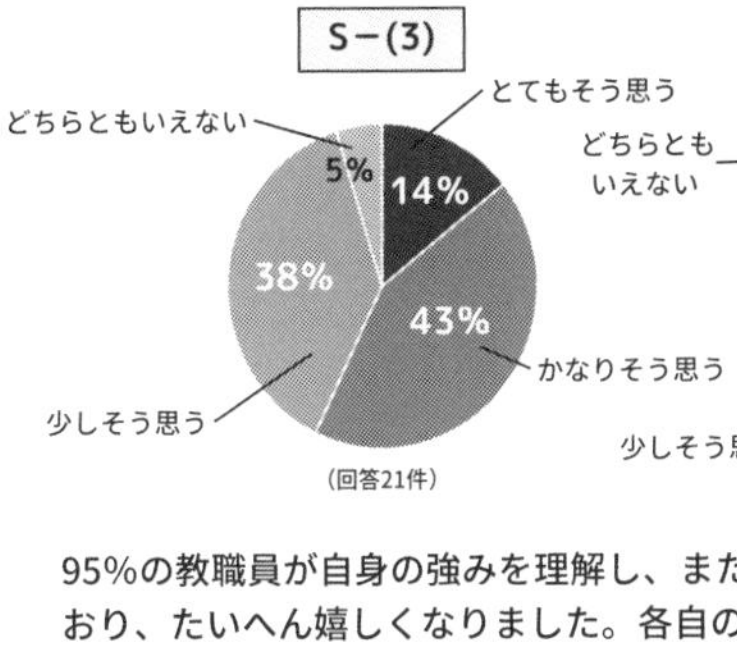

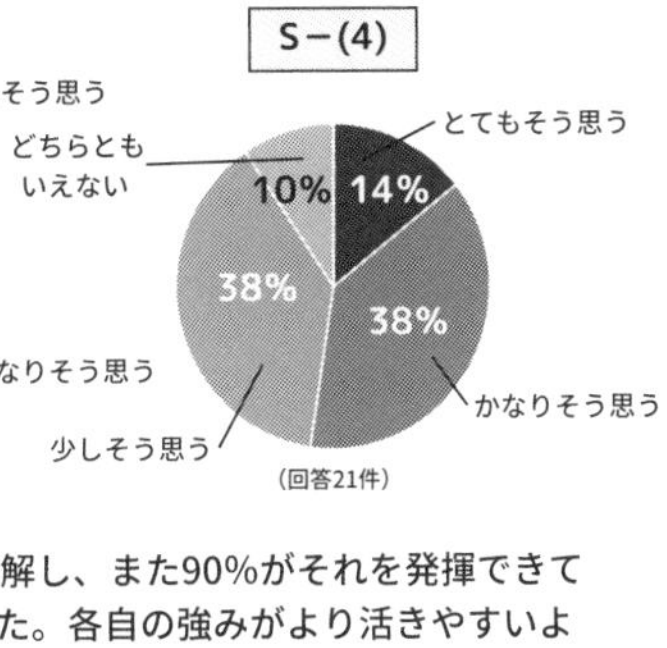

95%の教職員が自身の強みを理解し、また90%がそれを発揮できており、たいへん嬉しくなりました。各自の強みがより活きやすいよう、可能な限り配慮を続けていきたいと思っています。強みは自己肯定感、自己有用感につながります。

P－(1)　年休を取得しやすくなったと感じる

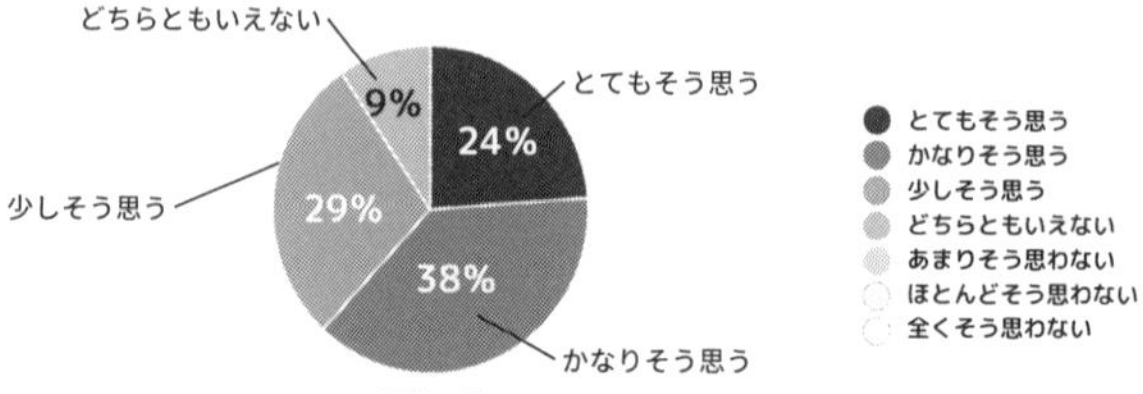

(回答21件)

90%の教職員が、年休を取得しやすくなったと感じているという結果でした。教職員の皆さんの温かい理解と協力があって実現できたことなので、本当に感謝しています。昨年度は10%の方が「ほとんど・全くそう思わない」でしたので、１年で改善が進んだことがわかりました。まだ、職種によって年休を取りにくい方がいるという現状があるため、来年度以降も改善に努めていきます。

P－(3)　紙面カエル会議（業務改善アンケート）は業務改善に繋がっていると感じる

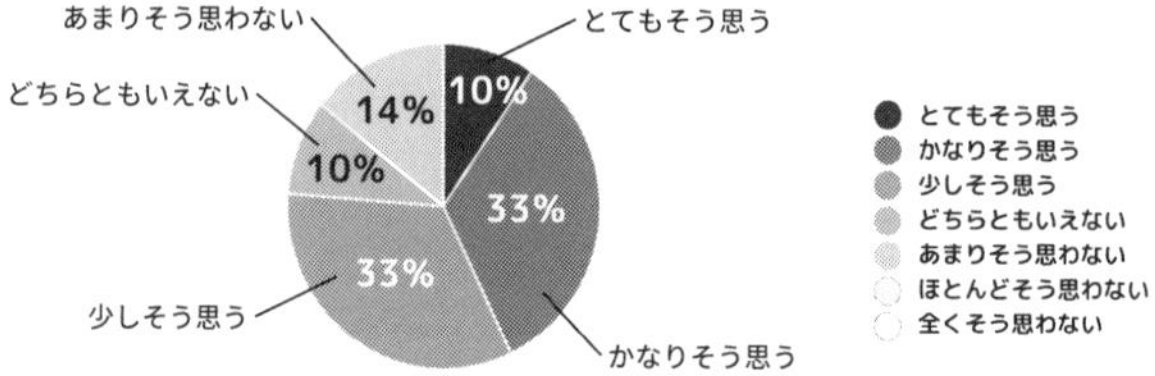

(回答21件)

76%の教職員が、紙面カエル会議が業務改善につながっているとの回答でした。「微差は大差」で小さなアイディアの積み重ねで確実に改善は進んでいますが、さらに根本的な業務改善（業務量削減）が必要であるということは否めません。

P－(2)　この１年（半年）で自分の健康度は上がった（よくなった）と感じる

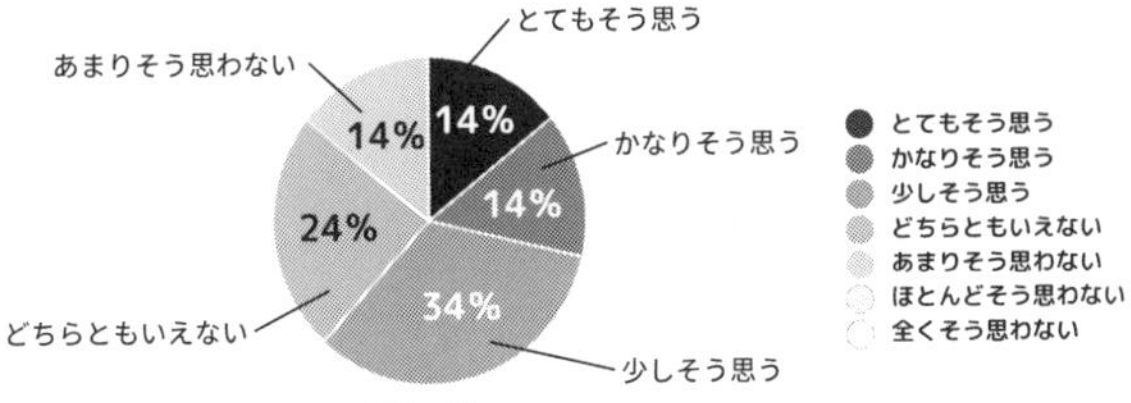

（回答21件）

健康度向上については、他の項目と比べると62%と低めでした。なお、令和３年度の健康診断等の結果では、項目ごとでは改善が16項目、悪化は６項目、令和４年度は改善が17項目、悪化が４項目でした（教職員全体の結果）。改善された項目で多かったのは血圧でした。今後も小さな改善を続けていくことで、自分でも意識できるくらいの健康度向上につなげていきたいと思います。

P－(4)　自分の健康のために取り入れたり、改善したことがある

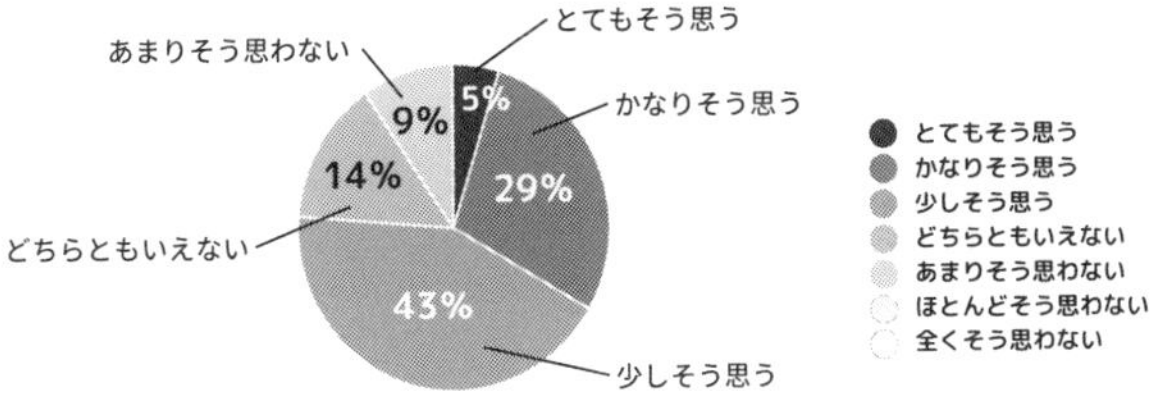

（回答21件）

77%の教職員が、自分の健康のために改善したことがあると回答していました。子どもたちと休み時間に遊んでいる先生が、「自分の体力づくりのためです！！」とたくましく答えていたのには、感動しました。朝、グラウンドを走るベテラン教員と若手教員の姿もあります。

令和３年度

P－(4)　登校時刻の変更にメリットを感じる

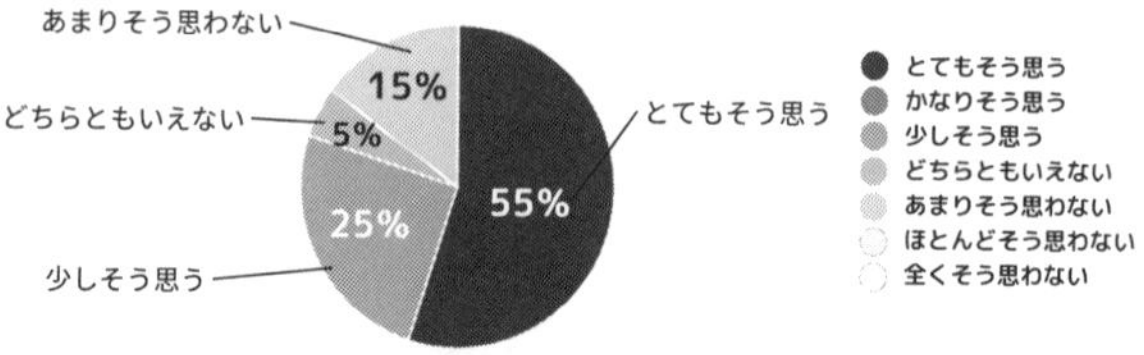
あまりそう思わない
15%
どちらともいえない
5%
とてもそう思う
55%
25%
少しそう思う
とてもそう思う
かなりそう思う
少しそう思う
どちらともいえない
あまりそう思わない
ほとんどそう思わない
全くそう思わない

（回答20件）

登校時刻変更後の成果として、「朝食をとってくる児童の割合」「家族と朝食をとる児童の割合」「朝うんちをしてくる児童の割合」が増えました。子どもたちの健康面ではメリットが出ています。遅刻者が減ったことも成果です。「そう思わない」の意見として、「以前は、朝の時間に宿題のチェックや指導ができた」というものがありました。確かにそれも一理あり、どちらも本校の子どもたちに必要なことであると考えています。

令和３年度

P－(5)　スクールサポートスタッフさんに有効に仕事をお願いできている

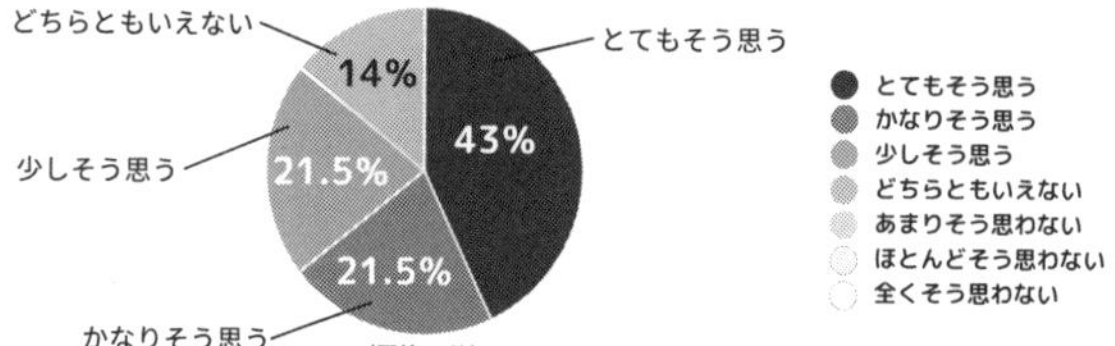
どちらともいえない
14%
とてもそう思う
43%
少しそう思う
21.5%
21.5%
かなりそう思う
とてもそう思う
かなりそう思う
少しそう思う
どちらともいえない
あまりそう思わない
ほとんどそう思わない
全くそう思わない

（回答14件）

86%の教職員が、スクールサポートスタッフさんに有効に仕事をお願いできているという結果でした。スタッフさんから「先生方のお役に立てることが嬉しいです！どんどん頼んでください」という言葉をいただき、とても嬉しくなりました。「どちらともいえない」と回答している方もいるので、他の先生がどのようなお願いをしているのか提示したり、人に頼むことが気軽にできるような意識改善（「遠慮しなくても大丈夫」「自分ですべて処理しようと思わなくても大丈夫」「手放す勇気」「協働の大切さ」等）を進めていきます。

令和３年度

Ⅰ－(1) ICTを（授業や業務で）うまく活用できている

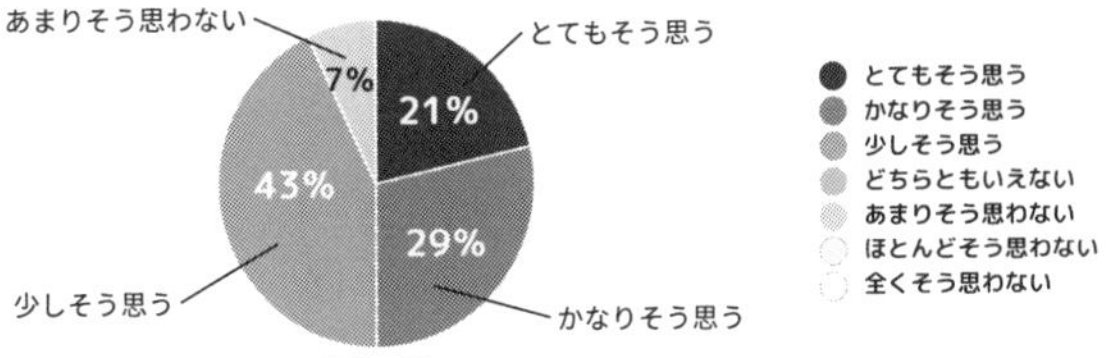

（回答14件）

93%の教職員が、うまく活用していると答えています。突然やってきたGIGAスクールの１人１台パソコンの活用においても、ICT主任を中心に、教職員は前向きにどんどん挑戦して力をつけてきました。本校はICT導入にいち早く注力しており、その成果も結果として現れたのかもしれません。

Ⅰ－(2) 主体的に学校課題研究に参画できている

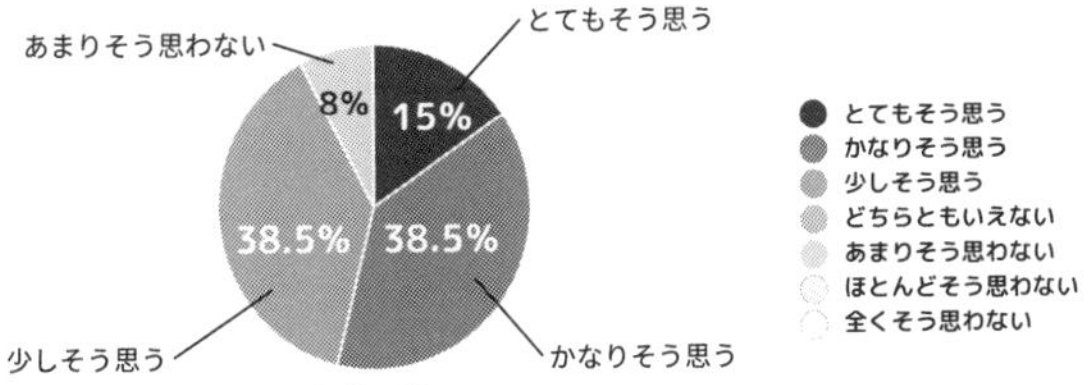

（回答13件）

92%の教職員が参画できていると回答しています。教職員の高い意識に敬服するとともに、子どもたちが学ぶことが「楽しい」と思う授業づくりの継続と、学校研究課題の成果として培った豊かな語彙をこれからも引き続き子どもたちに触れさせてほしいとお伝えしました。「あまりそう思わない」と回答した方とは、対話を深め、原因や思いをつかんでいきます。

Ⅰ−(3)　他の教員と協力して、主体的・対話的に教材研究に取り組んでいる

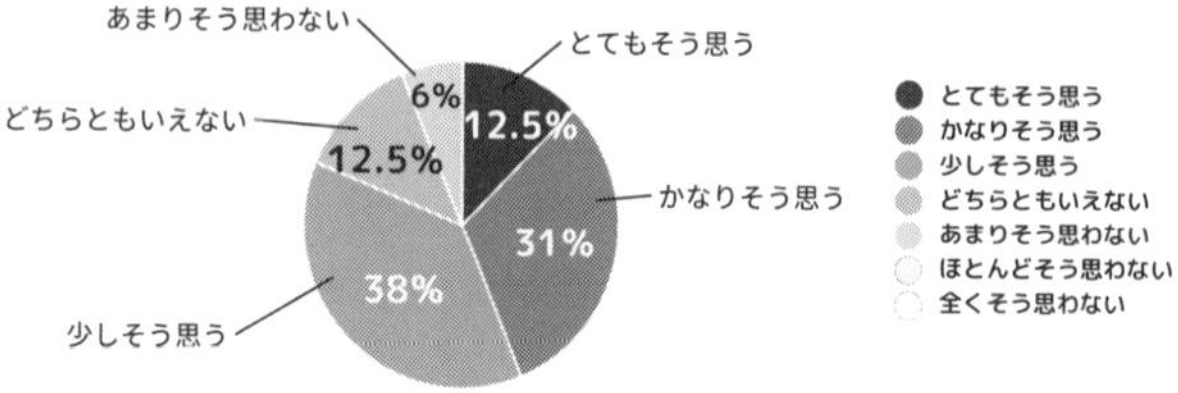

（回答16件）

81％の教員が、他の教員と協力して、主体的・対話的に教材研究に取り組んでいるとの回答でした。毎日放課後、担任と算数担当が次の日の授業の打ち合わせをしたり、国語の教材研究を自主的に集まって行ったりしている姿からわかります。教員の「教材研究が楽しい！」という頼もしい姿は、見ていて本当に嬉しくなります。

令和３年度

Ⅰ−(3)　教育の最先端情報をキャッチしている（Google classroomの使い方等）

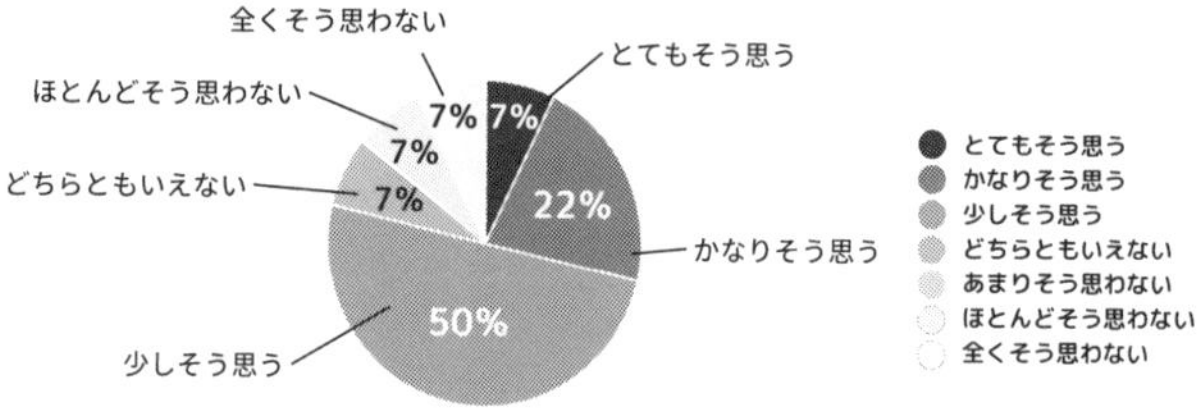

（回答14件）

79％の教職員が、最先端の情報をキャッチできていると回答しています。教職員が時間のない中、しっかりと情報をつかもうと務めていたことが見て取れました。各自がつかんだ情報を学校全体に展開していくことが、今後の課題と考えています。

令和３年度

Ⅰ－(4)　田畑先生・指導主事等の外部講師の研修は役に立った

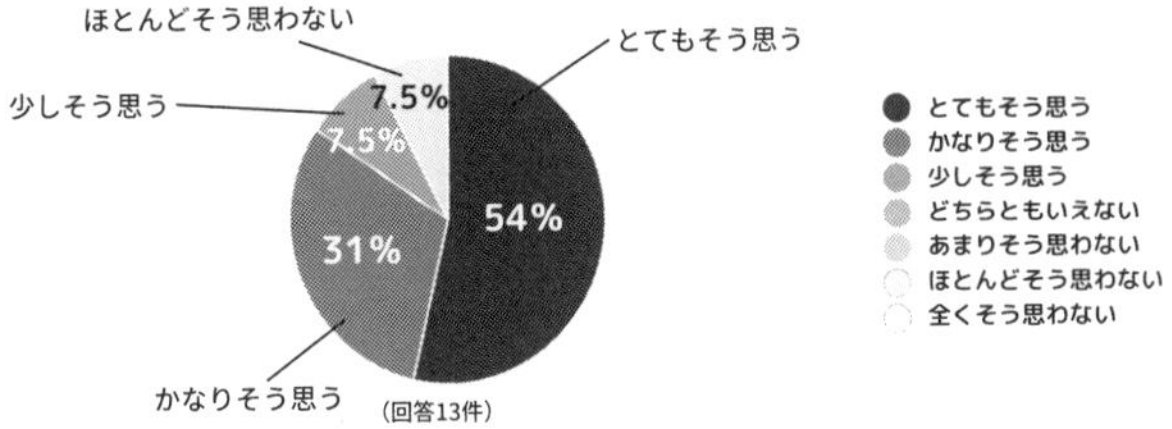

（回答13件）

92%の教職員が役に立ったと回答。外部講師の先生方の講義のすばらしさはもちろんのこと、研修の機会を有効に自分の力にできた教職員の姿勢にも感銘を受けました。

令和３年度

Ⅰ－(5)　お互いの授業を見る取り組みの効果を実感している

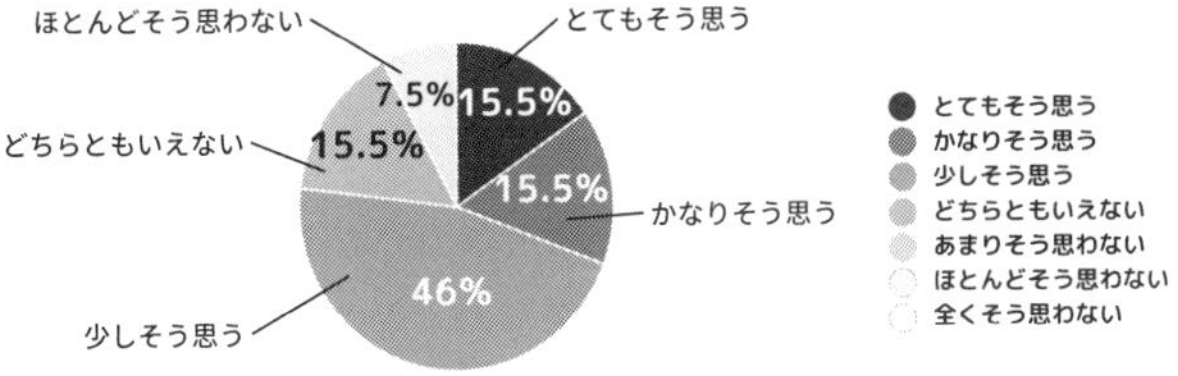

（回答13件）

77%の教職員が、授業を見合う取り組みの効果を実感していると回答。「見合い、高めあい活動」は時間的に難しい企画ということは理解しつつも、さまざまな意味で価値の大きい活動と考えたため実行に踏み切りました。来期は授業の見合い、高めあいのみでなく、多角的かつ効率的に見合い、高めあいができる方策を検討していきたいと考えています。

R－(1)　職場で心理的安全性を実感している

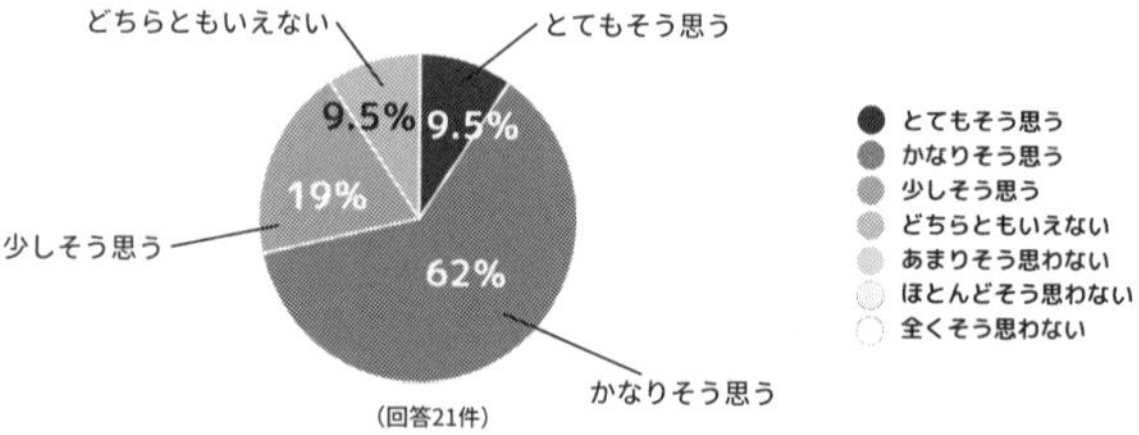
どちらともいえない
とてもそう思う
9.5%
9.5%
19%
62%
少しそう思う
かなりそう思う
とてもそう思う
かなりそう思う
少しそう思う
どちらともいえない
あまりそう思わない
ほとんどそう思わない
全くそう思わない
(回答21件)

心理的安全性は私が最重要視している項目。90%の教職員が「そう思う」と回答しました。ここは妥協せず100%になってほしいと考えています。人間ですから、感情がありますし、100%自分の思い通りにならないこともあります。さらには、本校がめざす「心理的安全性」は、「ぬるい職場」ではなく「学ぶ職場」です。配慮と感謝をベースに、建設的な衝突とお互いを尊重する気持ちを大切にし実践を続けることで、「心理的安全性のある組織」をつくっていきたいと考えています。
私たち大人でも、とくに意識していかなくてはいけないのは「言葉」です。負の感情をそのまま相手にぶつけても、何も解決しないということを学び、建設的に、お互いに気持ちよく目の前の課題を解決するために、必要な言葉を全力で見つけ使っていく力が必要です。また、感情のコントロール力、レジリエンス力も高める必要があります。これらのことも引き続き、ウェルビーイングの考えとして伝え続けていきたいと思います（メンタルヘルスケアの視点からも欠かせない、教師として学ぶべき内容でもあります）。

R－(2)　児童は教室で心理的安全性を実感している

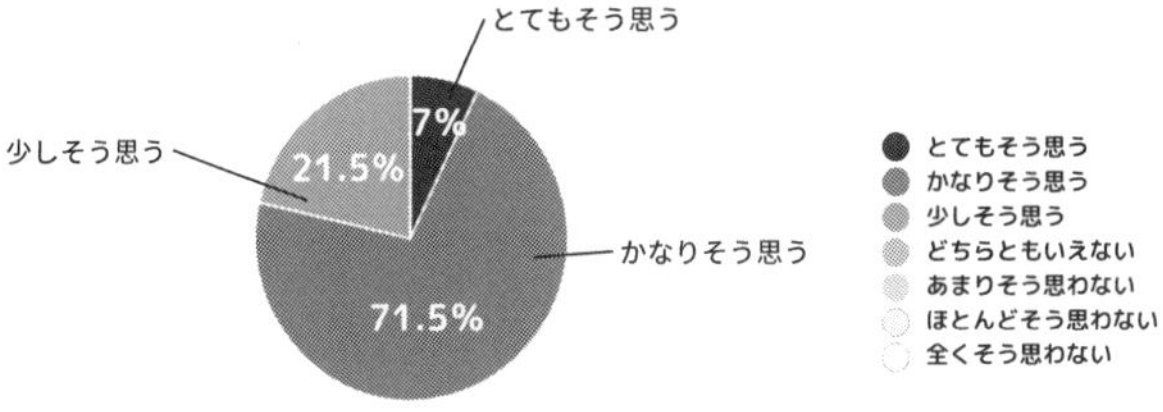

（回答14件）

100%の教職員が、子どもたちの心理的安全性を実感しています。これはすばらしい結果だと思います。教職員が日頃から、子どもたちの心理的安全性を高めようと努めた成果がこの結果であると感じています。保健室の児童の利用回数が激減しましたが、このデータもこのアンケート結果の妥当性を裏づけていると考えています。

R－(3)　対話が全体的にポジティブになったと感じている

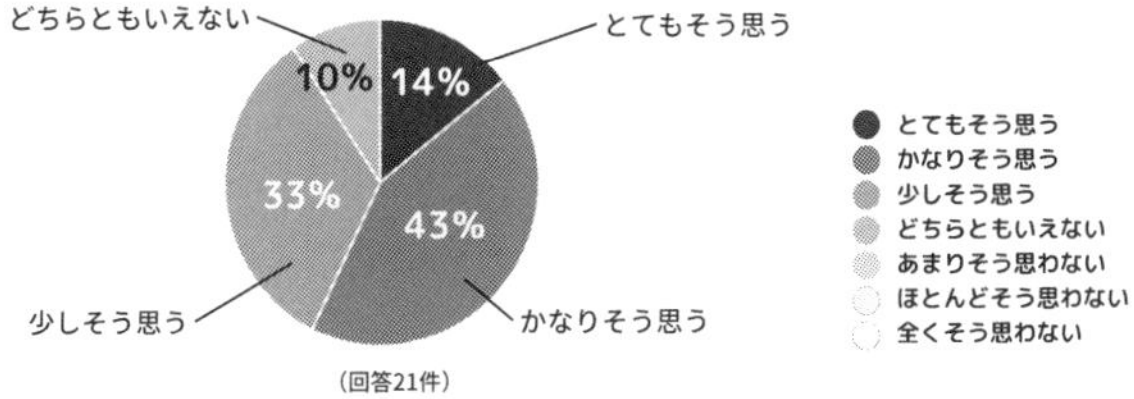

（回答21件）

90%の教職員が対話がポジティブになったと回答。それは建設的な対話こそが物事がよい方向に向かうための根底だからです。時にはネガティブ思考も必要ですが、ポジティブ思考に切り替えていくほうが、幸せになるという研究結果があります。

R－(4)　学校と保護者のつながりが増えたまたは良好になったと感じる

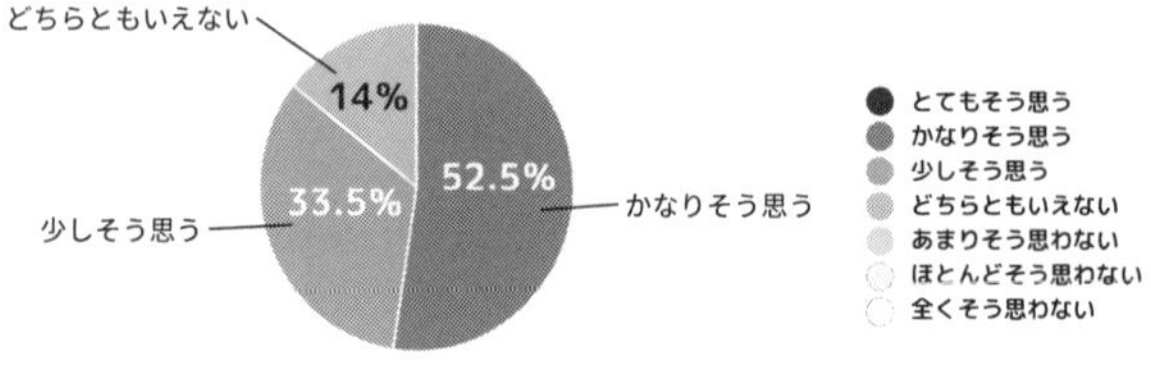
どちらともいえない
14%
52.5%
33.5%
少しそう思う
かなりそう思う
とてもそう思う
かなりそう思う
少しそう思う
どちらともいえない
あまりそう思わない
ほとんどそう思わない
全くそう思わない

（回答21件）

86%の教職員が、学校と保護者とのつながりが増え、良好になったと回答。これも、教職員の日々の丁寧な指導と対応が、保護者の方々の心に届いている結果であると考えています。教職員に心から感謝するとともに、これからも幸せの連鎖を全員で広げていきたいと考えています。

R－(5)　学校と地域のつながりが増えたと感じている

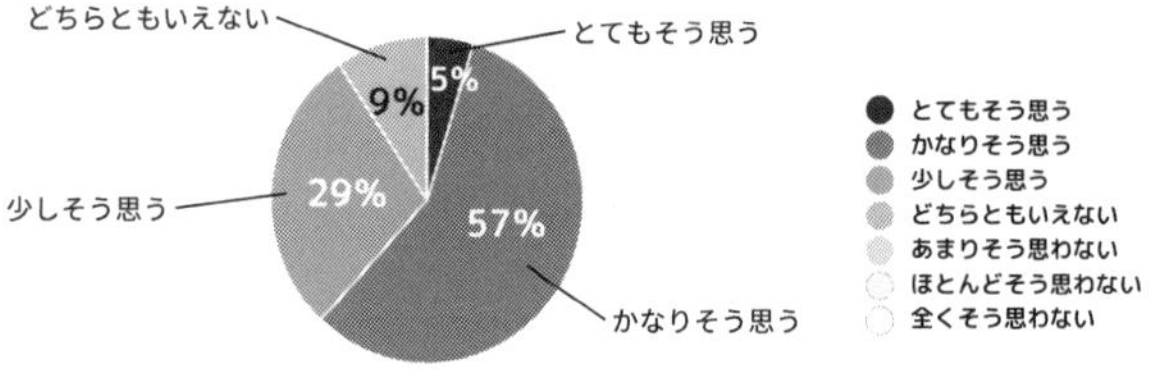
どちらともいえない
とてもそう思う
5%
9%
29%
57%
少しそう思う
かなりそう思う
とてもそう思う
かなりそう思う
少しそう思う
どちらともいえない
あまりそう思わない
ほとんどそう思わない
全くそう思わない

（回答21件）

91%の教職員が、地域とのつながりが増えたと回答。地域と保護者のつながりも増えていることが、保護者・地域の方々の話からも伝わってきました。教職員の頑張りが地域の方々にも伝わり、応援者が増え続けていること。この事実を今年度は何度も実感することができ、とても嬉しく思っています。

E－(1)　学校の自然環境は整備されている

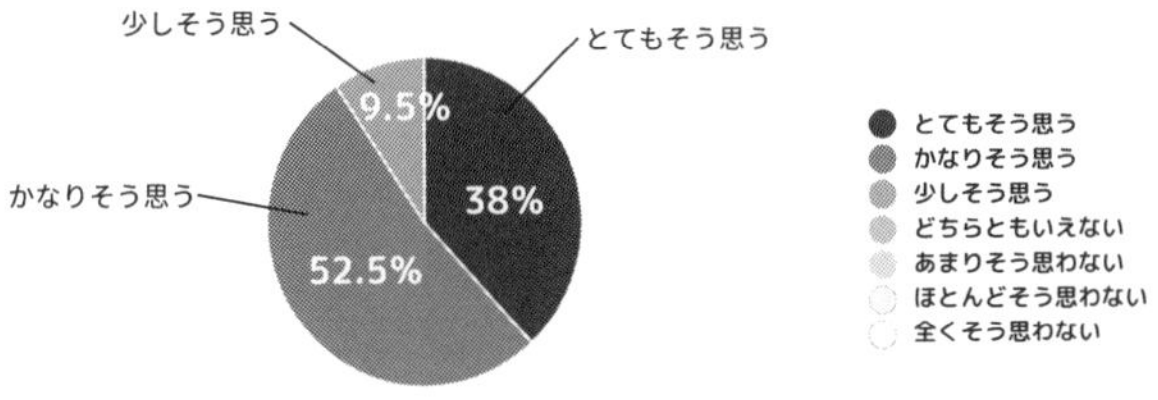

（回答21件）

100%の教職員が、本校の自然環境は整備されていると回答！！！「あー頑張ってきてよかったー！！」の一言です。用務員さん、学校応援団の方々、PTAの方々、教職員のご協力のおかげです。こんな素敵な学校だから、絶滅危惧種のキンランも顔を出してくれたのだと思っています。

E－(2)　子どもたちは自然によるプラスの影響を受けている

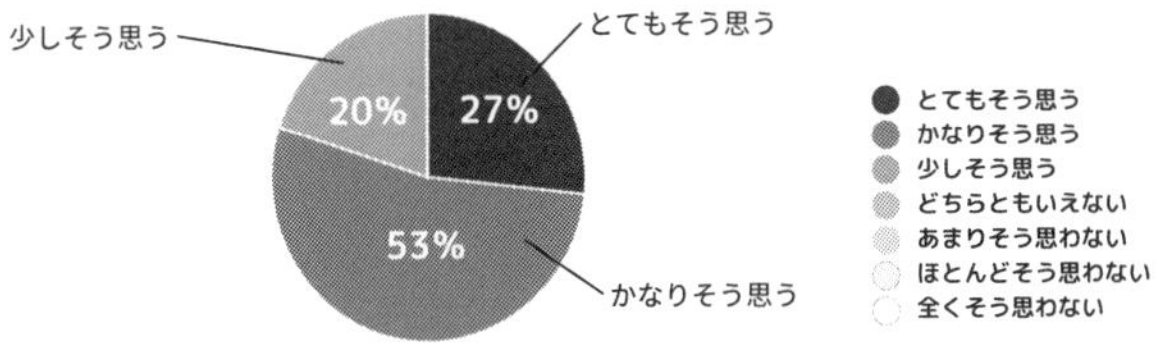

（回答15件）

100%の教職員が、「子どもたちは自然によるプラスの影響を受けている」と回答。本校の保有する自然はまさに本校の地の利。季節ごとの自然を意識すること、そこにある小さな命に気づくこと。本校の児童でないと学べない大切なことがたくさんあります。今期も自然の好影響は大きく出たと感じていますが、今後はさらに森を積極活用し、自然から子どもたちがより学べる取り組みを行っていきたいと考えています。

E－(3)　読書活動の充実を図ることで子どもにポジティブな影響が起きていると感じている

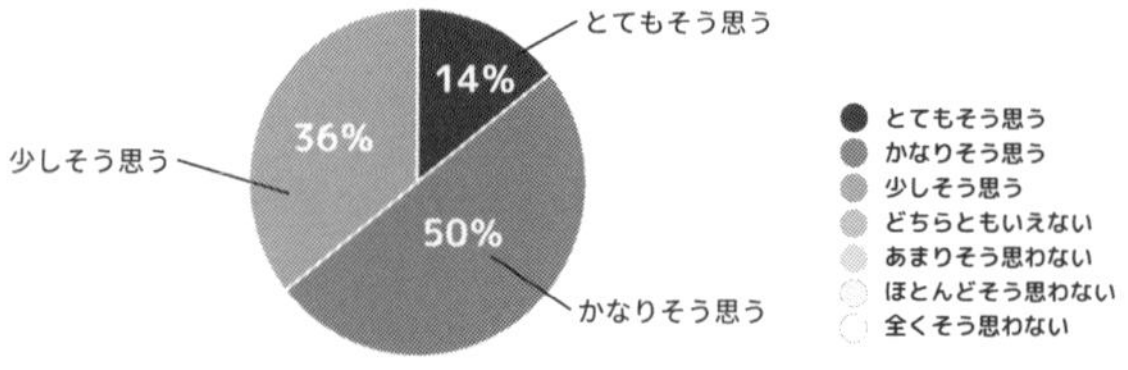
とてもそう思う
14%
36%
少しそう思う
50%
かなりそう思う
とてもそう思う
かなりそう思う
少しそう思う
どちらともいえない
あまりそう思わない
ほとんどそう思わない
全くそう思わない

（回答14件）

100%の教職員が、読書活動が子どもたちにポジティブな影響を与えていると回答。読書力は豊かな心の育成と学力向上に欠かせない力。今後も読書活動の強化に注力していきたいと考えています。

E－(4)　道徳の授業やすべての学校生活の中でポジティブな影響が起きていると感じている

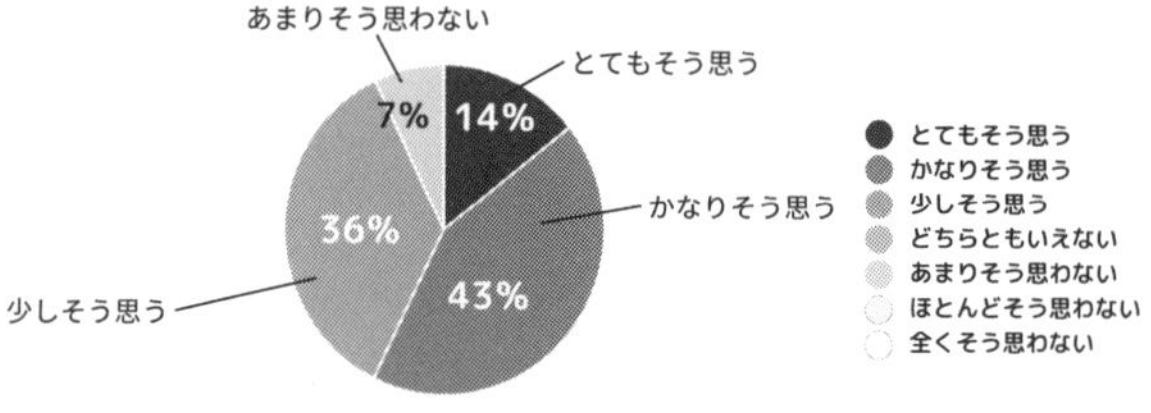
あまりそう思わない
とてもそう思う
7%
14%
かなりそう思う
36%
43%
少しそう思う
とてもそう思う
かなりそう思う
少しそう思う
どちらともいえない
あまりそう思わない
ほとんどそう思わない
全くそう思わない

（回答14件）

93%の教職員が、ポジティブな影響が出ていると回答。道徳の授業を丁寧に行うことで、本音で話し合い、深く、多面的に考えることができる児童が育ちます。人間の弱さである部分に共感したり、多様な考えのある中で葛藤したりする心に向き合い、みんなで一生懸命考えていくことで、自分を見つめ、「よりよい生き方」を深く考えていく力を育てることができるのです。

(3) これからの取り組み

令和４年度の平方北小学校での取り組み目標等を、ＳＰＩＲＥごとに記載します。

W1 SPIRE・幸福４因子・心理的安全性

○グランドデザインの共通理解をさらに深める

・４月１日の説明会で昨年以上に一つひとつ丁寧に説明する

・グランドデザインを職員室前方に掲示する

○教職員のウェルビーイングの理解をさらに深める

・校長室だよりの内容の充実を図る

・日報のさらなる有効活用

○ウェルビーイング研修会を年間研修計画に盛り込み実施する

（※令和４年度夏期研修で「レジリエンス力を高める」「メタ認知」について実施済み）

W2 ウェルビーイング・リーダーシップ

○ウェルビーイング・リーダーシップを教職員に伝え学級で実践

S1 自然と触れ合う環境づくり

○各科目の年間指導計画で自然を活用できる時期・要素を強調する

○総合的な学習の時間の年間指導計画に、「ＳＤＧｓ」「環境教育」を設定（令和３年度末設定済み）

○各学年の年間指導計画の自然との触れ合いに関する単元に森との触れ合いを含める

S2 強みと意義

○個人の自己評価シート活用で、内容（目標設定や具体的対策等）について、当初面談での対話を深め、個人の強みを自負してもらうとともに、担当することになった仕事の意義を伝え、１年間の指針となるように導き、さらに有効活用する

○校務分掌の目標指標の定量化を支援する

P1 運動・睡眠・栄養をしっかりと

○令和3年度の施策継続(年間年休取得日数:1人10日以上を目標とする)

P2 業務改善「微差は大差」

○令和3年度の施策継続
※主任の主体的な働きかけにより紙面ミーティングの時間を確保し、さらに充実しています

I1 好奇心を育む教育

○学校課題研究発表会の機会を活かし、授業力向上に向け校内研究授業の充実を図る(「学ぶことが楽しいと思える授業づくり」)
○体験活動の充実(本物に触れる)
○ICTのさらなる利活用(1日2~3回の活用)
○家庭学習でのICT活用の推進

○ＩＣＴリテラシーの到達目標達成により、児童が獲得したＩＣＴ技術の利活用推進
○ＩＣＴリテラシーの系統性をＩＣＴ年間指導計画に明記

I2 積極性・主体性を重視

○各クラスでアップしているホームページを見合う時間を職員集会でもつ
○積極的に外部の研修に出るチャンスを捻出する
○学校課題研究における授業研究協議会を充実させる
※参集とオンラインの両方で実施することで、一般参加者が参加できるようにしたいという案が職員から出て、実現しました。

R1 心理的安全性の高いチーム

令和４年度はさらに心理的安全性が高まるとともに、先生方の主体的な活動により、さまざまなイノベーションが起こっています。

①学校課題研究における授業者を決める際には、希望者多数により当日の授業者となれなかった若手教員が「自主研究授業をさせてください」と申し出て、実施しました。

②研究授業以外の授業においても、ある教員が「○○の単元の指導方法について考えたいのですが」と声に出したところ、放課後自主研修会が始まりました。その後も教員同士での算数T・T等の教材研究が毎日のように行われています。
この2つの例以外にも「心理的安全性」のもと、お互いの考えを伸び伸びと伝え合い、よりよいものをめざそうと、ベテランも若手も一緒になって高めあっている姿を多く見ます（**217頁写真**）。

「校長先生、○○については△△のように実施したいと考えているのですが相談にのっていただけますか？」等、新しい考えを伝えにくる姿はとても頼もしく、生き生きとしています。

R2 感謝とねぎらい

○保護者にSPIRE、4因子を広める
・新入生の入学前保護者説明会にて講話（令和3年度1月に実施）
○ホームページにSPIRE・4因子を掲載する
○学校だよりで折に触れてウェルビーイングの考え方について情報発信していく

E1 笑顔あふれる学校

○森やビオトープの活用について年間指導計画に明記し、確実に活用できるようにする

・令和３年度の施策継続

E2 豊かな心の動きを育む

○教育相談の充実

・学校だよりに見やすく掲載

・ＳＣ（スクールカウンセラー）と子どもたちがフリートークできる時間をつくる

※教育相談主任の発案で実施しています。

○教育相談について、先生方の知見と技術を深める

・研修参加

・校長室だよりでのレクチャー

■写真１　教員の主体的な研修会

■写真２　主体的に草取りをする職員の姿

■写真３　事務職員がゲストティーチャーとなり福祉の学習

〈参考文献〉

・タル・ベン・シャハー『Happiness Studies: An Introduction』Palgrave Macmillan、2021年
・タル・ベン・シャハー『ハーバードの人生を変える授業』だいわ文庫、2015年
・前野隆司『幸せのメカニズム　実践・幸福学入門』講談社現代新書、2013年
・前野隆司『幸せな職場の経営学』小学館、2019年
・石井遼介『心理的安全性のつくりかた』日本能率協会マネジメントセンター、2020年
・ダニエル・ゴールマン他著、土屋京子訳『EQリーダーシップ――成功する人のこころの知能指数の活かし方』日経BPマーケティング（日本経済新聞社）、2002年
・倉重英樹『プロフェッショナリズムの覚醒――トランスフォーメーション・リーダーシップ』ダイヤモンド社、2003年
・入山章栄『ビジネススクールでは学べない世界最先端の経営学』日経BP社、2015年
・ロバート・K・グリーンリーフ著、金井壽宏監修、金井真弓訳『サーバントリーダーシップ』英治出版、2008年
・ハーバード・ビジネス・レビュー編集部編、DIAMONDハーバード・ビジネス・レビュー編集部訳『オーセンティック・リーダーシップ』（ハーバード・ビジネス・レビュー［EIシリーズ］）、ダイ

ヤモンド社、2019年
・広江朋紀『なぜ、あのリーダーはチームを本気にさせるのか?――内なる力を引き出す「ファシリーダーシップ」』同文舘出版、2018年

おわりに　～私の願い【ウェルビーイングな学校づくり】を日本中に～

本校での、ウェルビーイングな学校づくりの2年半の取り組みをご紹介しました。最後までお読みいただきありがとうございました。

私がウェルビーイングについて学び、学校経営に取り入れ始めた頃には、ウェルビーイングという言葉は教育界ではまだあまり使われていませんでした。最近は、教育に関する書籍等でも、この言葉を目にすることが多くなってきました。子どもたちに高度な教育を与えることで将来を幸せにするという考え、働き方改革をすることが先生方のウェルビーイングにつながる等、さまざまな考えがあり、どれもそれぞれの対象についてのウェルビーイングとして正解なのだと思います。誰のための、いつの時点のウェルビーイングかという違いです。

私が考えるウェルビーイングは、何より心のあり方がウェルビーイングであるということです。今、先生方（教職員）、子どもたち、保護者、地域の方々、そして私自身のウェルビーイングを高めていけるようにすることがよりよい未来につながるという考えです。

先生方がウェルビーイングになれば、子どもたちもウェルビーイングになり、主体的に学ぼうという意欲が高まり、自分の力を最大限に発揮するようになるでしょう。そして、おのずと高度な学びを身につけることができるようになります。高度な学びを身につけさせるために、SPIREに大きな偏りが出てしまう環境では、結局は主体性のない学びとなり、習得は難しいものになってしまうでしょう。

私が紹介したSPIRE、4つの因子には、ポジティブ心理学、脳科学、組織論、コーチング論等の要素が大きく関わっています。児童の幸福度が低いこと、不登校児童が増えていること、教職員の離職率・休職率が高くなってきていることを解決していくためには、さまざまあるウェルビーイングの考え方の中でも、これらの心理学的要素等を含んだ考えを取り入れていくことが、たいへん重要であると考えます。

海外のいくつかの国では、Education for Well-beingというプログラムがあり、小学校低学年からの教育課程の中に、メンタルヘルス、ソーシャルスキル、レジリエンス、コミュニケーションスキル（対話スキル等）等の内容が盛り込まれています。

いつの日か、「日本型Education for Well-being」として、子どもたちが幸せに生きる力をもち成長するためのプログラムが教育課程の中に取り入れられたらすばらしいと思います。今、私たち大人ができること、それは、私たち大人がウェルビーイングの考えを知り、一人ひとりが体現し、幸せな生き方を示したり、ウェルビーイング・リーダーシップを発揮したりして、それぞれが司っている組織やグループのウェルビーイングを高めていくことではないかと思います。幸せは伝染するという研究結果もあります。そして、日本には道徳教育があります。道徳教育の充実を図ることも、子どもたちのウェルビーイングを高めるための心を耕していきます。道徳教育の目標は「より良い生き方」をめざしているからです。

私の実践は、本当に小さな実践に過ぎません。多くの校長先生方は、すでにすばらしいウェルビーイングな学校をつくっておられます。本当に素敵な学校がたくさんあります。私の取り組みが、特別なことでなく当たり前に行われている学校もたくさんあるはずです。この実践を本にしようと思ったのは、それらの取り組みに学術的・科学的根拠を添えることで、揺るがずに進める（薦める）ことができると考えたからです。これからも、一人でも多くの方に伝え、そして、教育現場のウェルビーイングが高められるように努めていきたいと思います。そして、本書が、日本中の学校にウェルビーイングの風が届くための一助となることを願っています。

最後に、皆様の学校、子どもたち、先生方、そしてお読みくださったすべての方が、幸せな日々を過ごされ、幸せな未来を歩んでいかれることを、心より願って、本書の締めくくりとしたいと思います。

ウェルビーイングな学校づくりを実践してきた令和２年度・３年度・４年度の「チーム平北」（本校職員と学校運営協議会の方々、ＰＴＡ・保護者、地域の方々）、そして、本書出版にあたり、ここまで導いてくださったＷＢＵ（Well-being University出版部）の仲間をはじめ、応援してくださった多くの皆様に心より感謝申し上げます。

ありがとうございました

２０２２年12月　中島　晴美

■著者紹介■
中島　晴美（なかじま・はるみ）
埼玉県上尾市立平方北小学校校長

現任校でWell-Beingな学校づくりを実践。現在、埼玉県北足立北部地区道徳教育研究会会長、埼玉県教育課程実践事例集編成員外国語部長、埼玉県社会教育委員及び埼玉県生涯学習審議委員。Happiness Study Academyに在学。道徳科研究、外国語活動・外国語科研究、Well-Being研究を継続している。

ウェルビーイングな学校をつくる
――子どもが毎日行きたい、先生が働きたいと思える学校へ

2023年1月5日　第1刷発行
2023年3月1日　第2刷発行
2024年5月1日　第3刷発行

著　者　中島 晴美
発行者　福山 孝弘
発行所　株式会社 教育開発研究所
〒113-0033　東京都文京区本郷2-15-13
TEL 03-3815-7041 ／ FAX 03-3816-2488
https://www.kyouiku-kaihatu.co.jp
表紙デザイン　長沼 直子
印刷・製本　中央精版印刷株式会社
編集担当　桜田 雅美

ISBN 978-4-86560-565-5